JN041635

Joo式

「聞き取れた！」が
毎日増える

1日5分

韓国語レッスン

Joo著

Gakken

はじめに

実は私が日本語を勉強していたとき、リスニングが一番苦手でした。
それで、私のようにリスニングに悩んでいる人に向けた本をいつか書きたいとずっと思っていました。

この本を手に取った人の中には、文法や単語を覚えても、なかなかドラマや推しの言葉が聞き取れるようにならないと感じている人も多いのではないでしょうか。聞き取れるようになるためには、よく使われる表現に広く浅く触れることが必要です。この本では、ネイティブの会話を聞き取れるようになるために必要な表現に、できるだけたくさん触れられるよう工夫しました。

100日間この本をやり続けていくと、日常会話で使われる表現のパターンがある程度わかり、話の内容がつかみやすくなります。毎日続けていくうちに、自分に起こる変化をぜひ楽しみにしてください。

ただし、座学より大事なのは「日常を韓国語がより多く聞こえる環境に変えること」です。今はネットで簡単に韓国語コンテンツを見られる時代です。リスニングの勉強のために留学する必要は、もうなくなりました。指1本動かすだけで、今すぐここで韓国留学を始めることができます。
韓国留学、今すぐやってみませんか？

おすすめの 学習の進め方 ✐

本書は100日分のレッスンを10日ずつ10STAGEに分け、
段階を踏んで学習を進められるように構成しています。
各STAGEを終えたら日付を書き込んで、頑張った記録を残しましょう。
自分を褒めるのが続けるコツ！

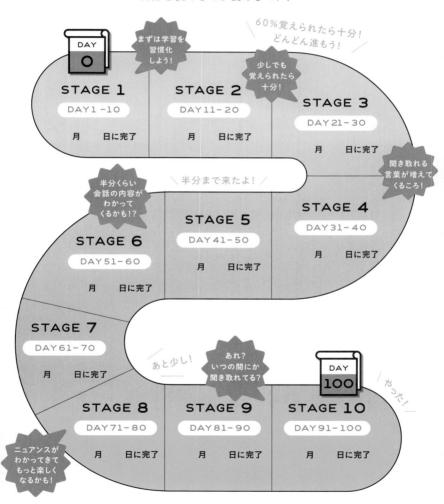

DAY
0

まずは学習を
習慣化
しよう！

60%覚えられたら十分！
どんどん進もう！

少しでも
覚えられたら
十分！

STAGE 1
DAY1–10
月　　日に完了

STAGE 2
DAY11–20
月　　日に完了

STAGE 3
DAY21–30
月　　日に完了

半分まで来たよ！

聞き取れる
言葉が増えて
くるころ！

半分くらい
会話の内容が
わかって
くるかも!?

STAGE 5
DAY41–50
月　　日に完了

STAGE 4
DAY31–40
月　　日に完了

STAGE 6
DAY51–60
月　　日に完了

STAGE 7
DAY61–70
月　　日に完了

あと少し！

あれ？
いつの間にか
聞き取れてる？

DAY
100

やった！

STAGE 8
DAY71–80
月　　日に完了

STAGE 9
DAY81–90
月　　日に完了

STAGE 10
DAY91–100
月　　日に完了

ニュアンスが
わかってきて
もっと楽しく
なるかも！

この本の使い方

各DAYで学ぶ例文です。

各DAYの音声のページに飛ぶ2次元コードです。

各DAYで学ぶ文法です。

音声の番号です。

ドラマ・動画で聞こえた音を探して読むのもおすすめ！

STEP 1　こんなふうに使われる！

まずは、例文を見ながら音声を聞いてみましょう。最初に例文を読まずに音声だけを聞いて、どれだけ聞き取れるか実力を試してみるのもおすすめです。

STEP 2　意味を確認しよう

STEP 1の例文に登場した表現を説明します。同じ表現を使った例文も紹介しているので、「こういうときは、こういう表現が使えるんだな」という感覚をつかみましょう。

例文のうち、特にドラマや推しの言葉の聞き取りに役立ちそうなものにはアイコンをつけました。アイコンのついた表現だけ拾い読みしても◎

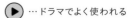 …ドラマでよく使われる

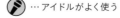 …アイドルがよく使う

あとについて言っておぼえよう

著者Jooさんのお手本音声を追い、例文を声に出して読む「シャドーイング」練習をしてみましょう。
Jooさんの声を「影」のように追いかけるイメージで、Jooさんのすぐあとに声に出すのがコツです。
抑揚、リズム、ネイティブらしい発音のコツなどの説明を聞きながら練習できます。イントネーションを示した赤いラインと、区切るタイミングを示したスラッシュも参考にしてくださいね。

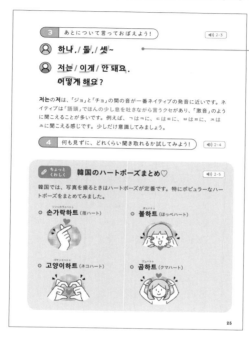

※イントネーションや
区切る位置は人に
よって変わること
があります。
本書のラインは一
例として参考にして
ください。

STEP 4 | 何も見ずに、どれくらい聞き取れるか試してみよう!

例文を見ずに、音声を聞いてみましょう。最初に聞いたときよりも聞き取れる量がグンと増えているはずです。

🖉 ちょっと
　くわしく

各DAYの内容をより深く理解するために「ちょっとくわしく」説明したコラムです。シーン別のよく使われる表現や、辞書や参考書にはなかなか載らない新しい韓国語の表現など盛りだくさんです。文法や発音のルールにちょっとだけ踏み込んで説明したりもしています。

各STAGEの区切りには、本編で紹介しきれなかったけれど、ドラマや推しの言葉の聞き取りに直結する表現を厳選してシーン別にまとめています。

各DAYの音声のページに飛ぶ2次元コードです。

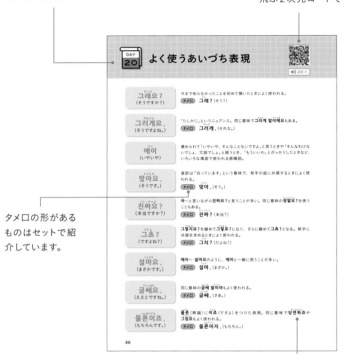

タメ口の形があるものはセットで紹介しています。

関連するフレーズを紹介しています。

例文を聞いて、意味を確認しよう

それぞれの表現が「どんな状況で使われるか」「どんなニュアンスがあるか」を説明しています。タメ口の形があるものはセットで紹介しています。ドラマのセリフや推しが使っている言葉にどんなニュアンスが込められているのかがわかり、韓国語学習がより楽しくなるはずです。

本書は、韓国語初心者の方も学習しやすいように、カタカナでルビを付けていますが、カタカナルビは便宜的なものです。実際の発音は、音声をよく聞いて確認しましょう。

音声のご利用方法

本書の例文音声およびSTEP3のミニ講座の音声は、
次の **1 ～ 3** の方法で再生することができます。

方法 1

スマホで2次元コードを読み取り、ブラウザ上で再生する。

各DAYの左ページ上部にある2次元コードをスマホなどで読み取ると、各DAYの例文音声・講座音声をブラウザ上で再生することができます。

方法 2

音声再生アプリで再生する

右の2次元コードをスマホなどで読み取るか、下のURLにアクセスしてアプリをダウンロードしてください。ダウンロード後、アプリを起動して『「聞き取れた！」が毎日増える Joo式1日5分韓国語レッスン』を選択すると、端末に音声がダウンロードされます。

https://gakken-ep.jp/extra/myotomo/

方法 3

MP3形式の音声ファイルをダウンロードして再生する

上記のURLにアクセスし、ページ下方の【語学・検定】から『「聞き取れた！」が毎日増える Joo式1日5分韓国語レッスン』を選択すると、MP3形式の音声ファイルがダウンロードされます。

ご利用上の注意点

お客様のネット環境およびスマホやタブレット端末の環境により、音声の再生やアプリの利用ができない場合、当社は責任を負いかねます。また、スマホやタブレット端末へのアプリのインストール方法など、技術的なお問い合わせには対応できません。ご理解をいただきますようお願いいたします。

✐ CONTENTS

はじめに ……………… **2**

おすすめの学習の進め方

………………………… **3**

この本の使い方 …… **4**

音声のご利用方法 … **7**

DAY0	ハングルの基本	
DAY1	～です	～예요 / 이에요
DAY2	私は	저는
DAY3	～(し)たいです	～고 싶어요
DAY4	～られない	못～
DAY5	～ない	안～
DAY6	～されます	～세요
DAY7	～(して)ください	～주세요
DAY8	～(し)ました	～ㅆ어요
DAY9	～(し)ましょうか？	～까요？
DAY10	聞き取りがうまくいかない よくある失敗パターン3つ！	

STAGE1 ……… **21**

STAGE2 ……… **41**

DAY11	～たら	～면
DAY12	～(す)ればいいです	～면 돼요
DAY13	～(して)もいいですか？	～도 돼요?
DAY14	～ですね	～네요
DAY15	～(し)て	～고
DAY16	～(し)て	～서
DAY17	～だから	～니까
DAY18	～(して)みてください	～봐요
DAY19	～(し)なければなりません	～야 돼요
DAY20	よく使うあいづち表現	

STAGE3 ········ 61

DAY21 ～(し)ますね ～ㄹ/을게요
DAY22 ～(し)そうです ～겠어요
DAY23 ～(し)よう ～자
DAY24 ～(し)ようと思います ～려고요
DAY25 ～(し)なければなりません ～야겠어요
DAY26 ～(し)たことがあります ～적이 있어요
DAY27 ～のようです ～것 같아요
DAY28 ～ですよね ～죠
DAY29 ～けど ～데
DAY30 よく使う独り言

STAGE4 ········ 81

DAY31 ～(し)ないでください ～지 마세요
DAY32 ～(し)ないで ～지 말고
DAY33 ～(する)ことにしました ～기로 했어요
DAY34 ～(する)には ～려면
DAY35 ～ではなくて ～게 아니라
DAY36 ～(する)前に ～기 전에
DAY37 ～(した)あとに ～다음에
DAY38 ～(し)てから ～고 나서
DAY39 ～(し)ながら ～면서
DAY40 リアクションの表現

STAGE5 ········ 101

DAY41 ～(する)ほうがよさそうです ～는 게 좋겠어요
DAY42 ～ではないですか? ～아니에요?
DAY43 ～(し)ています ～고 있어요
DAY44 ～のとき ～때
DAY45 ～のように ～같이
DAY46 ～だが ～지만
DAY47 ～でしょうか? ～나요?
DAY48 ～(して)しまいました ～버렸어요
DAY49 ～(し)ますか? ～래요?
DAY50 感情を表す表現

STAGE 6 ⋯⋯ 121

DAY51 〜らしいです 〜대요
DAY52 〜ので 〜가지고
DAY53 〜の中で 〜중에서
DAY54 〜かもしれません 〜지도 몰라요
DAY55 〜じゃないですか 〜잖아요
DAY56 〜のようです 〜나 봐요
DAY57 〜(する)ことができます 〜수 있어요
DAY58 〜だといいです 〜면 좋겠어요
DAY59 〜なんですよ 〜거든요
DAY60 ドラマでよく使われる表現

STAGE 7 ⋯⋯ 141

DAY61 〜(する)たびに 〜때마다
DAY62 〜(する)つもりです 〜ㄹ/을 거예요
DAY63 〜(し)ておきます 〜놔요 / 둬요
DAY64 〜(する)か 〜지
DAY65 〜(する)ところです 〜중이에요
DAY66 〜ですって? 〜니요?
DAY67 〜だけでなく 〜뿐만 아니라
DAY68 〜(して)死にそうです 〜죽겠어요
DAY69 〜かと言うと 〜냐면
DAY70 配信でよく使われる表現

STAGE 8 ⋯⋯ 161

DAY71 〜ということで 〜기 때문에
DAY72 〜なんです 〜답니다
DAY73 〜(して)いて 〜다가
DAY74 〜(する)価値があります 〜ㄹ/을 만해요
DAY75 〜(する)こともあるし 〜기도 하고
DAY76 〜(し)ようかやめようか 〜ㄹ/을까 말까
DAY77 〜(する)はずですよ 〜ㄹ/을걸요
DAY78 〜(する)はずなのに 〜ㄹ/을 텐데
DAY79 申し上げます 〜드립니다/드려요
DAY80 VLOGでよく使われる表現

STAGE9 ……… **181**

DAY81	〜（する）ために	〜위해서
DAY82	〜とは思わなかったです	〜줄 몰랐어요
DAY83	〜ということです	〜단 말이에요
DAY84	〜（する）かと思って	〜까 봐
DAY85	〜（し）たら	〜더니
DAY86	〜（する）のですか？	〜ㄴ/는 거예요?
DAY87	〜（する）ほど	〜ㄹ/을수록
DAY88	〜（し）たり	〜거나
DAY89	〜ので	〜길래
DAY90	バラエティ番組でよく使われる表現	

STAGE10 …… **201**

DAY91	〜（する）ことを願います	〜기 바랍니다
DAY92	〜（する）ように	〜도록
DAY93	〜に（加えて）	〜에다가
DAY94	〜ですって？	〜고요?
DAY95	〜（する）ほうです	〜편이에요
DAY96	〜（する）つもりだから	〜테니까
DAY97	〜（する）ところでした	〜ㄹ/을 뻔했어요
DAY98	〜（し）たんですよ	〜더라고요
DAY99	〜かと思います	〜까 싶어요
DAY100	Jooの体験談！	
	私がやってよかったリスニング勉強法	

ハングルの基本

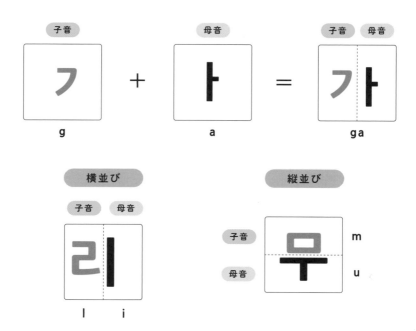

ハングルのしくみ

「ハングル」とは韓国語の文字のことで19個の子音と21個の母音の組み合わせで文字を作ります。日常で漢字はほとんど使わないので、ハングルだけですべての文字を読むことができます。子音のあとに母音がくるローマ字と似ていますが、母音の種類によって「横並び」で書くか「縦並び」で書くかが決まります。

子音　　　　　　　母音　　　　　　　子音　母音

フ　　＋　　ト　　＝　　フト

g　　　　　　　　a　　　　　　　　ga

横並び

子音　母音

리

l　　i

縦並び

子音　m

무

母音　u

12

基本母音

韓国語には全部で21個の母音がありますが、そのうち、基本母音と呼ばれるものは10個です。基本母音は日本語に近い発音が多いです。母音「ㅏ」だけでは文字として成り立たないので、音がない子音「ㅇ」と一緒に「아」と書きます。

🔊 0-1

母音	発音	例		言葉の例
ㅏ	[a]	아	「ア」	**아이**（子供） a i
ㅑ	[ya]	야	「ヤ」	**야유**（揶揄） ya yu
ㅓ	[eo]	어	「オ」に近い音。口を大きく開いて、アゴを引いて発音。	**어머니**（母） eo mo ni
ㅕ	[yeo]	여	「ヨ」に近い音。口を大きく開いて、アゴを引いて発音。	**여유**（余裕） yeo yu
ㅗ	[o]	오	「オ」	**오이**（キュウリ） o i
ㅛ	[yo]	요	「ヨ」	**요리**（料理） yo ri
ㅜ	[u]	우	「ウ」	**우유**（牛乳） u yu
ㅠ	[yu]	유	「ユ」	**유리**（有利） yu ri
ㅡ	[eu]	으	「ウ」に近い音。口を平たくして「ウ」を発音。	**은행**（銀行） eunhaeng
ㅣ	[i]	이	「イ」	**이유**（理由） i yu

야のように母音に短い棒が2つある場合は「y」を思い出してください。短い棒が1個の**아** [a] に「y」がついて**야** [ya] と発音します。

ハングルのしくみ＆基本母音を解説した動画はこちら ⤷

子音は全部で19個あります。基本子音10個、激音4個、濃音5個に分かれ、舌や口の形、息の出し方によって異なる音を発音します。まずは基本子音を確認しましょう。

◀)) 0-2

子音	発音	例		言葉の例
ㄱ	[g(k)]	가	「ガ」行に近い音。「ガ」と「カ」の間の音で発音する。	**가수**（歌手） g(k) a su
ㄴ	[n]	나	「ナ」行に近い音。	**나이**（年齢） na i
ㄷ	[d(t)]	다	「ダ」行に近い音。「ダ」と「タ」の間の音で発音する。	**다리**（足） d(t) a ri
ㄹ	[l]	라	「ラ」行に近い音。	**라면**（ラーメン） la myon
ㅁ	[m]	마	「マ」行に近い音。	**마담**（マダム） ma dam
ㅂ	[b(p)]	바	「バ」行に近い音。「バ」と「パ」の間の音で発音する。	**바지**（ズボン） b(p) a ji
ㅅ	[s]	사	「サ」行に近い音。	**사자**（ライオン） sa ja
ㅇ	—	아	音のない子音。	**아마**（多分） a ma
ㅈ	[j(ch)]	자	「ジャ」行に近い音。「ジャ」と「チャ」の間の音で発音する。	**자다**（寝る） j(ch) a da
ㅎ	[h]	하	「ハ」行に近い音。	**하다**（する） ha da

激音

息を激しく吐きながら発音する子音は「激音」と言います。激音は日本語の「カ行、タ行、パ行、チャ行」の音とほとんど同じで、息を出して発音します。
基本子音と形が似ていて、基本子音に線を足した形が激音です。

◀)) O-3

子音	発音	例		言葉の例
ㅋ	[k]	카	「カ」行に近い音。 息を吐きながらㄱを発音。	카메라 (カメラ) ka me la
ㅌ	[t]	타	「タ」行に近い音。 息を吐きながらㄷを発音。	타피오카 (タピオカ) ta pi o ka
ㅍ	[p]	파	「パ」行に近い音。 息を吐きながらㅂを発音。	파자마 (パジャマ) pa jya ma
ㅊ	[ch]	차	「チャ」行に近い音。 息を吐きながらㅈを発音。	차 (お茶) cha

濃音

息を出さずに力強く発音する子音が「濃音」です。基本子音を発音する前に小さい「ッ」を入れて、ノドをしめるような感じで力強く発音するイメージです。基本子音や激音と少し形は違いますが、基本子音を2回書いた形が濃音です。

🔊 O-4

子音	発音	例		言葉の例
ㄲ	[kk]	까	息を出さずにㄱを強く発音する。「すっかり」の「っか」に近い音。	ッカマグィ 까마귀（カラス） kka ma gwi
ㄸ	[tt]	따	息を出さずにㄷを強く発音する。「まったり」の「った」に近い音。	ッタダ 따다（採る） tta da
ㅃ	[pp]	빠	息を出さずにㅂを強く発音する。「やっぱり」の「っぱ」に近い音。	ッパン 빵（パン） ppang
ㅆ	[ss]	싸	息を出さずにㅅを強く発音する。「あっさり」の「っさ」に近い音。	ッサダ 싸다（安い） ssa da
ㅉ	[tch]	짜	息を出さずにㅈを強く発音する。「ぽっちゃり」の「っちゃ」に近い音。	ッチャダ 짜다（塩辛い） tcha da

基本子音・激音・濃音を
解説した動画はこちら ↪

2つの母音を組み合わせたものを「複合母音」と言います。複合母音は全部で11個あります。例えば、ㅗ（オ）とㅐ（エ）を組み合わせたㅙは「オ」と「エ」を縮めて「ウェ」と発音します。このように複合母音は基本母音の組み合わせで発音が連想できます。連想できないㅐ、ㅔ、ㅚは例外で音を丸ごと覚えておきましょう。

また、ㅒのように小さい棒が2つあるものは、ㅔ（e）に「y」をつけて、「ye」と発音します。p.13で説明した「y」をつける法則で考えると覚えやすいです！

◀)) O-5

子音	発音	例		言葉の例
ㅐ	[ae]	애	「エ」に近い音。	애기（赤ちゃん） ae gi
ㅒ	[yae]	얘	「イェ」に近い音。애[ae]にyをつけて[yae]。	얘기（話） yae gi
ㅔ	[e]	에	「エ」に近い音。	네（はい） ne
ㅖ	[ye]	예	「イェ」に近い音。에[e]にyをつけて[ye]。	예（例） ye
ㅘ	[wa]	와	「ワ」に近い音。ㅗとㅏを合わせて縮めて発音。	와요（来ます） wa yo
ㅙ	[wae]	왜	「ウェ」に近い音。ㅗとㅐを合わせて縮めて発音。	왜（なぜ） wae
ㅚ	[we]	외	「ウェ」に近い音。	뇌（脳） nwe

17

子音	発音	例		言葉の例
ᅯ	[wo]	워	「ウォ」に近い音。ㅜとㅓを合わせて縮めて発音。	뭐（何） mwo
ᅰ	[we]	웨	「ウェ」に近い音。ㅜとㅔを合わせて縮めて発音。	웨이터（ウェイター） we i teo
ᅱ	[wi]	위	「ウィ」に近い音。ㅜとㅣを合わせて縮めて発音。	위（胃） wi
ᅴ	[ui]	의	「ウイ」を縮めた音。ㅡとㅣを合わせて縮めて発音。	의리（義理） ui ri

複合母音を解説した
動画はこちら

パッチム

ハングルは子音と母音で終わらず、さらにその下に子音がつくことがあります。これを「パッチム」と言います。

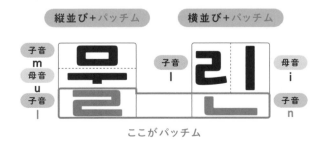

ここがパッチム

パッチムの発音は7種類

パッチムの発音は ㄱ、ㄷ、ㅂ、ㄴ、ㅁ、ㅇ、ㄹ の7種類で、大きく「ッ」、「ン」、「l」の3つのグループに分けられます。

🔊 0-6

グループ	パッチム	発音	例
「ッ」の グループ	ㄱ	「まっか」の「ッ」のようにノドがふさがるような音	**육회** (ユッケ) yukhwe
	ㄷ	「もっと」の「ッ」のように上の歯茎に舌がついて息を止めるような音	**숟가락** (スプーン) sut ga rak
	ㅂ	「かたっぽ」の「ッ」のように口を早く閉じて息を止めるような音	**비빔밥** (ビビンバ) bi bim bap
「ン」の グループ	ㄴ	「そんな」の「ン」のように上の歯茎に舌がつくときの音	**언니** (姉) eon ni
	ㅁ	「メンマ」の「ン」のように口を軽く閉じるときの音	**엄마** (母) eom ma
	ㅇ	「パン」の「ン」のように鼻で出す音	**안녕** (こんにちは) an nyong
「l」の グループ	ㄹ	日本語にはない発音で、舌を口の天井につけるときの音（つける位置は「ラ」と言うときに舌がつくところ）	**물** (お水) mul

パッチムの7種類の発音などを
解説した動画はこちら ⤵

複雑なパッチムでも焦らないで！

複雑なパッチムも出てきますが、読み方は下の表のように7種類だけです。この7種類を「代表パッチム」と呼びます。ㅋやㄲも、代表パッチムのㄱと同じ発音をします。パッチムの仲間は形が似ていることが多いので、意外とシンプルです。

🔊 0-7

代表パッチム	発音	パッチムの種類	例
ㄱ	[k]	ㅋ 、 ㄲ 、 ㄳ 、 ㄺ	<ruby>읽다<rt>イクッタ</rt></ruby>（読む） ik tta
ㄷ	[t]	ㅌ 、 ㅅ 、 ㅆ 、 ㅈ 、 ㅊ 、 ㅎ	<ruby>있다<rt>イッタ</rt></ruby>（ある） it tta
ㅂ	[p]	ㅍ 、 ㅄ 、 ㄿ	<ruby>없다<rt>オプッタ</rt></ruby>（ない） eop tta
ㄴ	[n]	ㄵ 、 ㄶ	<ruby>앉다<rt>アンッタ</rt></ruby>（座る） an tta
ㅁ	[m]	ㄻ	<ruby>젊다<rt>ジョムッタ</rt></ruby>（若い） j (ch) yeom tta
ㅇ	[ng]		<ruby>방<rt>パン</rt></ruby>（部屋） b (p) ang
ㄹ	[l]	ㄼ 、 ㄽ 、 ㄾ 、 ㅀ	<ruby>넓다<rt>ノルッタ</rt></ruby>（広い） neol tta

代表パッチムと形が違うㅅ、ㅆ、ㅈ、ㅊ、ㅎはしっかり覚えましょう！

ㅄのようにパッチムが2つある場合は、基本的に「左側のパッチム」を読めば大丈夫です。例えば없다の場合は、左側のㅂを読んで「オプッタ」となります。ただし、ㄺ、ㄻ、ㄿは右側のパッチムを読むので例外として覚えておきましょう！

これでハングルの勉強は終わりです。きっと「仕組みはわかってきたけど、全部覚えられる気がしない…」という人もいますよね。でも、すぐにスラスラ読めなくても大丈夫です。慣れるまではしばらく積極的にカンニングしましょう。そうするうちにいつの間にか読めるようになるので、お楽しみに！

STAGE 1

DAY1	〜です　〜예요／이에요 ················ 22
DAY2	私は　저는 ···························· 24
DAY3	〜（し）たいです　〜고 싶어요 ········ 26
DAY4	〜られない　못〜 ···················· 28
DAY5	〜ない　안〜 ························ 30
DAY6	〜されます　〜세요 ·················· 32
DAY7	〜（して）ください　〜주세요 ········· 34
DAY8	〜（し）ました　〜ㅆ어요 ·············· 36
DAY9	〜（し）ましょうか？　〜까요？ ········· 38
DAY10	聞き取りがうまくいかない よくある失敗パターン３つ！ ········ 40

DAY 1

今日はお休みです。

オヌルン　シィヌン　ナリエヨ
오늘은 쉬는 날이에요.

1　こんなふうに使われる！　　🔊 1-1

👤 オヌルン　シィヌン　ナリエヨ
오늘은 쉬는 날이에요.（今日はお休みです。）

👤 ジグム　ダイオトゥ　ジュンイエヨ
지금 다이어트 중이에요.（今ダイエット中です。）

👤 チョウミエヨ
처음이에요.（初めてです。）

2　意味を確認しよう！　　🔊 1-2

～이에요は「～です」という意味。前にパッチムがあるときは**이에요**、前に
パッチムがないときは**예요**と言います。パッチムの有無をチェックしないと
いけないのは、慣れるまで面倒に感じるかもしれませんが、安心してくだ
さい！　**이에요**を縮めて言うと**예요**になるので、覚えやすいですし、発音
が似ているのでどちらでも通じます！

> 예요はそのまま読むと「イェヨ」だけど、
> ほとんど「エヨ」と読まれるよ！

○ オヌル　センイリエヨ
오늘 생일이에요.（今日誕生日です。）
➡ 생일はパッチム（**ㄹ**）があるので**이에요**がつく。

○ イゲ　ムォエヨ
이게 뭐예요?（これは何ですか？）
➡ 뭐はパッチムがないので**예요**がつく。そのまま語尾を上げて言うと疑問形になる。

○ ジャジュ　オヌン　ガゲヤ
자주 오는 가게야.（よく来るお店だよ。）
➡ **예요**の代わりに야をつけるとタメ口になる（**이에요**のタメ口は**이야**）。

🎤 ジョアハヌン　ヒャンスイムニダ
좋아하는 향수입니다.（好きな香水です。）
➡ **예요**の代わりに입니다を使うと、よりかしこまったニュアンスになる。

👤 **오늘은 / 쉬는 날이에요.**

👤 **지금 / 다이어트 중이에요.**

👤 **처음이에요.**

✎ ちょっと
くわしく　**なんで이에요と書いてリエヨって言うの？** ◀)) 1-5

이에요は「イエヨ」のはずなのに、なぜか「リエヨ」や「ミエヨ」と読まれていて疑問に思う方もいますよね。その理由は、韓国語は「つなげて読む」からです。これはローマ字で考えると簡単です。次のハングルを1文字ずつ切って読むと「チョ/ウム/イ/エ/ヨ」になりますが、ローマ字のようにつなげて読むと「チョ/ウ/ミ/エ/ヨ」になります。

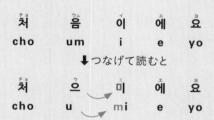

最初は難しいかもしれませんが、フレーズを丸ごと覚えていくとそのうちだんだん慣れてきますので安心してください！

DAY 2

私はそれができません。

저는 이게 안 돼요.
ジョヌン イゲ アン ドェヨ

| 1 | こんなふうに使われる！ | ♡ポーズで写真撮影中 | ◀) 2-1 |

👤 **하나, 둘, 셋~** （いち、に、さん〜）
ハナ ドゥル セッ

👤 **저는 이게 안 돼요.** （私はそれ[ハートのポーズ]ができません。）
ジョヌン イゲ アン ドェヨ

어떻게 해요? （どうやってしますか？）
オットケ ヘヨ

| 2 | 意味を確認しよう！ | ◀) 2-2 |

韓国では写真を撮るときに「はい、チーズ」ではなく、**하나, 둘, 셋**（いち、に、さん）と言います。

저は「私」、**는**は「は」という意味で、「私は」は**저는**と言います。**저**は丁寧な言い方で、日本語の「わたくし」に近い表現です。タメ口では**나는**（ナヌン）と言います。初対面の人や目上の人に対しては**저**を使ったほうが無難でしょう。

▶ **전 괜찮아요.** （私は大丈夫です。）
ジョン グェンチャナヨ
→ **저는**を縮めて**전**と言うことも多い。
나는を縮めて**난**でもOK！

▶ **전 요즘 라테에 빠졌어요.**
ジョン ヨジュム ラテエ ッパジョッソヨ
（私は最近ラテにハマりました。）

● **전 잘 모르겠어요.**
ジョン ジャル モルゲッソヨ
（私はよくわかりません。）

> じゃあ、友達に「私は」って言うときは나는でいいのかな？

> ピンポン♡ その通り！

3　あとについて言っておぼえよう！　　　🔊 2-3

👤 하나, / 둘, / 셋~

👤 저는 / 이게 / 안 돼요.
어떻게 해요 ?

저는の저は、「ジョ」と「チョ」の間の音が一番ネイティブの発音に近いです。ネイティブは「語頭」でほんの少し息を吐きながら言うクセがあり、「激音」のように聞こえることが多いです。例えば、ㄱはㅋに、ㄷはㅌに、ㅂはㅍに、ㅈはㅊに聞こえる感じです。少しだけ意識してみましょう。

4　何も見ずに、どれくらい聞き取れるか試してみよう！　🔊 2-4

✏️ ちょっと
くわしく　　**韓国のハートポーズまとめ♡**　　🔊 2-5

韓国では、写真を撮るときはハートポーズが定番です。特にポピュラーなハートポーズをまとめてみました。

ソンッカラクハトゥ
○ **손가락하트** (指ハート)

ボルハトゥ
○ **볼하트** (ほっぺハート)

ゴヤンイハトゥ
○ **고양이하트** (ネコハート)

ゴムハトゥ
○ **곰하트** (クマハート)

DAY 3

ボブヘアにしたいです。

단발 머리 하고 싶어요.
（ダンバル　モリ　ハゴ　シポヨ）

I　こんなふうに使われる！

◀) 3-1

👤 저 하고 싶은 머리 있어요.
（ジョ　ハゴ　シブン　モリ　イッソヨ）
（私、やりたいヘアスタイルがあります。）

👤 무슨 머리요？（なんのヘアスタイルですか？）
（ムスン　モリヨ）

👤 단발 머리 하고 싶어요.
（ダンバル　モリ　ハゴ　シポヨ）
（ボブヘアにしたいです。）

2　意味を確認しよう！

◀) 3-2

何か「したいこと」を言うときは**하고 싶어요**（したいです）のように言います。
「食べたいです」「見たいです」「会いたいです」などもこの表現を使って言うことができます。疑問形のときは例文の**무슨**（何の）のほかにも、**뭐**（何）、**언제**（いつ）、**어디**（どこ）、**어떻게**（どのように）、**왜**（なぜ）のような疑問詞と一緒に使われることが多いです。

▶ 떡볶이 먹고 싶어요.（トッポギ食べたいです。）
（ットッポッキ　モッコ　シポヨ）
➡ 単語によっては「ゴ」ではなく、やや力強く「ッコ」と発音することもある。

▶ 빨리 보고 싶어요.（早く見たい［会いたい］です。）
（ッパルリ　ポゴ　シポヨ）

○ 뭐 하고 싶어요？（何をしたいですか？）
（ムォ　ハゴ　シポヨ）

3	あとについて言っておぼえよう！	◀)) 3-3

👤 **저 / 하고 싶은 머리 / 있어요.**

➡️ 저は「ジョ」と「チョ」の間の音で言ってみよう！

👤 **무슨 머리요?**

👤 **단발 머리 / 하고 싶어요.**

➡️ 단발の단は「ダン」と「タン」の間の音がネイティブの発音に近いよ！

4	何も見ずに、どれくらい聞き取れるか試してみよう！	◀)) 3-4

✏️ ちょっとくわしく　美容大国！　韓国のヘアスタイル事情 ◀)) 3-5

韓国は日本よりパーマの種類も多く、ヘアスタイルの種類も数え切れないぐらいたくさんありますが、ヘアアレンジをしないナチュラルスタイルが定番で、ロングヘアの人がとても多いです。よく使うヘアスタイル関連単語はこちらです。

○ **긴 머리** (ロングヘア)　ギンモリ

○ **단발머리** (ボブヘア)　ダンバルモリ

○ **앞머리** (前髪)　アムモリ

○ **애교머리** (うぶ毛)　エギョモリ

○ **똥머리** (おだんごヘア)　ットンモリ

○ **염색** (カラー)　ヨムセク

○ **파마** (パーマ)　パマ

애교は「愛嬌」、똥は「ウ〇チ」って意味！

27

DAY 4

キュウリが食べられないです。

オイルル モン モゴヨ
오이를 못 먹어요.

| 1 | こんなふうに使われる！ |

🔊 4-1

👤 モン モンヌン ゴ イッソヨ
못 먹는 거 있어요?（食べられないものはありますか？）

👤 オイルル モン モゴヨ
오이를 못 먹어요.（キュウリが食べられないです。）

👤 グレヨ ジョドヨ
그래요? 저도요!（そうですか？ 私もです！）

| 2 | 意味を確認しよう！ |

🔊 4-2

「〜られない」「〜することができない」のような、不可能を意味する表現は**못〜**を使います。日本語では動作を表す言葉のあとに「〜られない」ときますが、韓国語では先に**못**と言ってからできない動作を言います。「モッ」や「モン」が聞こえたら、「不可能なこと」を言っているんだなと考えましょう！

🎤 ヨンオ モテヨ
영어 못 해요.（英語、できません。）

○ アルラムル モッ トゥロッソヨ
알람을 못 들었어요.（通知音が聞こえませんでした。）

○ バッパソ モッ カヨ
바빠서 못 가요.（忙しくて行けません。）

○ モッタゲッソ
못 하겠어.（できない。）
　➡ 直訳は「できない」で、「無理」「無理かも」という意味。何かしようとしていたことをやめるときや諦めるときによく使われる。

👤 **못 먹는 거 / 있어요?**

👤 **오이를 / 못 먹어요.**

👤 **그래요? 저도요!**

못の発音は、そのまま読むと「モッ」ですが、後ろの**먹**を発音しやすくするために、ここでは少し崩して[モン]と発音されます。このようなネイティブならではの「音の崩し方」を覚えておくと聞き取りにも役立ちます。

4 何も見ずに、どれくらい聞き取れるか試してみよう！　　🔊 4-4

✏ ちょっと　くわしく　　**苦手な食べ物を言うときは못 먹어요**　🔊 4-5

誰でも1つくらいは苦手な食べ物がありますよね。誰かとご飯を食べに行って「苦手なものはありますか？」と聞きたいときにも、まさにここで学んだ**못**を使います。例文の「**못 먹는 거 있어요?**」の**거**（もの）でもいいですが、代わりに**음식**（食べ物）を使って言うこともできます。

🐱 モン　モンヌン　ウムシク　イッソヨ？
못 먹는 음식 있어요? （食べられない（苦手な）食べ物はありますか？）

🐱 アニョ
아뇨. （いいえ。）
モン　モンヌン　ウムシク　オプソヨ
못 먹는 음식 없어요. （食べられない（苦手な）食べ物はありません。）

ちなみに음식の漢字は「飲食」なんだ～

日本語と似てるね！面白い！

DAY 5

あまり好きではありません。

<ruby>별로<rt>ビョルロ</rt></ruby> <ruby>안<rt>アン</rt></ruby> <ruby>좋아해요<rt>ジョアヘヨ</rt></ruby>.

1　こんなふうに使われる！　◀) 5-1

 <ruby>야채<rt>ヤチェ</rt></ruby> <ruby>좋아해요<rt>ジョアヘヨ</rt></ruby>? （野菜は好きですか？）

 <ruby>아뇨<rt>アニョ</rt></ruby>. <ruby>별로<rt>ビョルロ</rt></ruby> <ruby>안<rt>アン</rt></ruby> <ruby>좋아해요<rt>ジョアヘヨ</rt></ruby>.
（いいえ。あまり好きではありません。）

<ruby>왜요<rt>ウェヨ</rt></ruby>? （なぜですか？）

2　意味を確認しよう！　◀) 5-2

韓国語で「〜ない」という否定の表現には、**안**〜を使います。否定すると
きに語尾に「〜しない」とつける日本語と違って、韓国語では最初に**안**を言っ
たあと、「何をしないのか」を言います。「アン」が聞こえてきたら、否定文
だと思ってください。

○ <ruby>치마는<rt>チマヌン</rt></ruby> <ruby>안<rt>アン</rt></ruby> <ruby>입어요<rt>イボヨ</rt></ruby>. （スカートは履きません。）

○ <ruby>별로<rt>ビョルロ</rt></ruby> <ruby>안<rt>アン</rt></ruby> <ruby>어려워요<rt>アノリョウォヨ</rt></ruby>. （あまり難しくありません。）

▶ <ruby>연락이<rt>ヨルラギ</rt></ruby> <ruby>안<rt>アン</rt></ruby> <ruby>와요<rt>アヌァヨ</rt></ruby>. （連絡が来ません。）

🎤 <ruby>아직<rt>アジク</rt></ruby> <ruby>밥<rt>バプ</rt></ruby> <ruby>안<rt>アン</rt></ruby> <ruby>먹었어요<rt>モゴッソヨ</rt></ruby>.
（まだご飯を食べていません。）
　　→ライブ配信でよく言うフレーズ。

> 안も못みたいに、動作
> の前につけるんだね！

> 似てるけど、못は「不可
> 能」で안は「否定」の意
> 味。안はaren'tから連
> 想して意味を覚えよう！

👤 **야채 / 좋아해요?**

→좋아해요の좋は「チョ」と「ジョ」の間の音で言ってみよう！

👤 **아뇨. 별로 / 안 좋아해요.**

> 아뇨は語尾を少し上げてみよう！

→별로の별は「ビョル」と「ピョル」の間の音が一番自然だよ！

👤 **왜요?**

✏️ **ちょっとくわしく** 韓国語で「好き」は2つある？

🔊 5-5

「好きです」は例文の**좋아해요**のほかに、**좋아요**とも言います。
タメ口で言うときはとても簡単！ 最後の**요**を取って、**좋아해**や**좋아**と言います。

○ **네. 좋아요!** (はい。いいです！)

→**좋아요**は「好きです」という意味以外に「いいです」の意味もある。
誘われて承諾するときや、SNSの「いいね」も**좋아요**と言う。

🎙️ **매운 음식 좋아.** (辛い食べ物が好き。)

○ **어떤 스타일 좋아해?** (どんなスタイルが好き？)

○ **무슨 노래 좋아해요?** (どんな曲が好きですか？)

DAY 6

風邪にお気をつけください。

<ruby>감기<rt>ガムギ</rt></ruby> <ruby>조심하세요<rt>ジョシマセヨ</rt></ruby>.

| **1** | こんなふうに使われる！ | 🔊 6-1 |

👤 <ruby>요즘<rt>ヨジュム</rt></ruby> <ruby>너무<rt>ノム</rt></ruby> <ruby>춥네요<rt>チュムネヨ</rt></ruby>. （最近とても寒いですね。）

👤 <ruby>그러게요<rt>グロゲヨ</rt></ruby>. （そうですね。）

👤 <ruby>감기<rt>ガムギ</rt></ruby> <ruby>조심하세요<rt>ジョシマセヨ</rt></ruby>. （風邪にお気をつけください。）

| **2** | 意味を確認しよう！ | 🔊 6-2 |

尊敬語の**～세요**は「～されます」という意味。**～요**（～です、ます）を使ってもいいですが、**세요**を使うともっと丁寧な表現になります。まずは日常でよく使う「**세요**を使ったフレーズ」から覚えていきましょう！

○ <ruby>안녕하세요<rt>アンニョンハセヨ</rt></ruby>. （こんにちは。）
➡「おはようございます」と「こんばんは」も**안녕하세요**でOK!

○ <ruby>어서오세요<rt>オソオセヨ</rt></ruby>. （いらっしゃいませ。）

○ <ruby>안녕히 가세요<rt>アンニョンヒ　ガセヨ</rt></ruby>.
（[立ち去る人に対して]さようなら。）

○ <ruby>안녕히 계세요<rt>アンニョンヒ　ゲセヨ</rt></ruby>.
（[その場に残る人に対して]さようなら。）

「さよなら」の表現は
2つもあるの？

相手がその場に残るか
立ち去るかによって
使い分けるんだ！

😀 **요즘 / 너무 춥네요.**

➡ 춥네요は「チュ'ン'ネヨ」のように発音すると自然だよ！

😀 **그러게요.**

➡ 그は「グ」と「ク」の間の音で発音することが多いよ！

😀 **감기 조심하세요.**

➡ 감기の감は「ガム」と「カム」の間の音で言ってみよう！

4 何も見ずに、どれくらい聞き取れるか試してみよう！   ◀)) 6-4

📝 **ちょっと くわしく**　**〜요で終わる文は文脈に要注意！**   ◀)) 6-5

〜요で終わる文は文脈やイントネーションによって意味が変わるので、聞き取りの際には注意が必要です。例えば、語尾を上げて**가요?** (↗) と言うと「行きますか？」という疑問の意味になります。語尾を伸ばして**가요** (〜) と言うと「行きましょう〜」という勧誘のニュアンスになり、**가요** (!) と強い口調で言うと「行きなさい！」という命令の意味になります。

ちなみに〜**세요**の場合は、イントネーションによって「〜しましょう」という勧誘の表現にはなりません。〜**세요**は「〜されます」「〜されますか？」「〜しなさい」のどれかの意味になります。

○ **엄마가 요리 하세요.** (お母さんが料理をされます。)
　オンマガ　ヨリ　ハセヨ
➡語尾を下げる。

○ **뭐 찾으시는 거 있으세요?** (何かお探しでしょうか？)
　ムォ　チャジュシヌン　ゴ　イッスセヨ

○ **숙제 하세요!** (宿題しなさい！)
　スッチェ　ハセヨ
➡命令するニュアンス。

DAY 7

見せてください！

ボヨ　ジュセヨ
보여 주세요!

<table>
<tr><td>1</td><td>こんなふうに使われる！</td><td>🔊 7-1</td></tr>
</table>

オルマ　ジョネ　セ　モジャ　サッソヨ
얼마 전에 새 모자 샀어요.
(この前新しい帽子買いました。)

グングメヨ　ボヨ　ジュセヨ
궁금해요. 보여 주세요! (気になります。見せてください！)

ッチャン　イェップジョ
짠~ 예쁘죠? (じゃ〜ん　かわいいですよね？)

<table>
<tr><td>2</td><td>意味を確認しよう！</td><td>🔊 7-2</td></tr>
</table>

〜**주세요**は「〜ください」という意味。何かをお願いするシーンで使うことが多い表現です。タメ口で「〜ちょうだい」と言うときは〜**줘**と言います。「〜ですよね？」と相手に確認するときは~**죠**を使います。**죠**は**지요**の略なので、**요**を取って**지**と言うとタメ口の「〜だよね？」になります。

マニ　サランヘ　ジュセヨ
🎤 많이 사랑해 주세요. (たくさん愛してください。)

ウンウォネ　ジュセヨ
🎤 응원해 주세요. (応援してください。)

アルリョ　ジュセヨ
○ 알려 주세요. (教えてください。)

イゴ　ジュオ
○ 이거 줘. (これちょうだい。)

マレ　ジュオ
🎤 말해 줘. (言ってちょうだい。)

😀 **얼마 전에 / 새 모자 / 샀어요.**

😀 **궁금해요. 보여 주세요!**

➡ **주세요**の**주**は「チュ」と「ジュ」の間の音が自然だよ！

😀 **짠 ~ 예쁘죠?**

➡ **짠**は「じゃ〜ん」という感情を込めて言ってみよう！

얼마 전에のように、韓国語の文には文字の間にスペースがあることがありますが、空いているところで区切りながら言う必要はありません。どうして文字の間を空けるのかというと、韓国語は漢字を使わないので、すべてくっつけると意味が変わってしまうことがあるためです。意味が伝わりやすくなるようにスペースを入れて区切りをつけているだけなので、読み上げるときは気にしなくてOKです。

✏ **ちょっと くわしく** **주세요と使われる枕言葉はこれ！** ◀)) 7-5

お願いするときの〜**주세요**は、決まった枕言葉と一緒に使われることが多いです。よく使われるパターンをセットで覚えておくと、とても役立ちますよ。

○ ジュェソンハジマン ジャムシマン ギダリョ ジュセヨ
　죄송하지만 잠시만 기다려 주세요.
　（申し訳ございませんが少々お待ちください。）

○ ホクシ グェンチャヌシミョン ヨルラク ジュセヨ
　혹시 괜찮으시면 연락 주세요.
　（もしよろしければ連絡ください。）

35

DAY 8

昨日は何をしましたか?

어제는 뭐 했어요?
オジェヌン　ムォ　ヘッソヨ

1　こんなふうに使われる！　　🔊 8-1

어제는 뭐 했어요?（昨日は何をしましたか？）
オジェヌン　ムォ　ヘッソヨ

친구랑 놀았어요.（友達と遊びました。）
チングラン　ノラッソヨ

뭐가 제일 재미있었어요?（何が一番楽しかったですか？）
ムォガ　ジェイル　ジェミイッソッソヨ

2　意味を確認しよう！　　🔊 8-2

「～（し）ました」「～でした」のように過去のことを言うときは**놀았어요**（遊びました）のように言います。意味がわからなくても、とにかくほにゃらら「ッソヨ」が出てきたら「過去のことを言ってるんだな」と思ってください。このような小さな気づきを積み重ねていくと、少しずつリスニング力が上がっていきます。

○ **콘서트에 갔어요.**（コンサートに行きました。）
コンソトゥエ　ガッソヨ

○ **드라마를 봤어요.**（ドラマを見ました。）
ドゥラマルル　ボァッソヨ

○ **노래를 들었어요.**（歌を聞きました。）
ノレルル　ドゥロッソヨ

○ **그랬어?**（そうだったの？）
グレッソ
➡ 最後の**요**を取るとタメ口になる。

過去のことを言いたいときは「ッソヨ」を使えばいいのか！

そうそう！　いいこと言ッソヨ～

🧑 **어제는 / 뭐 했어요 ?**

🧑 **친구랑 / 놀았어요 .**

🧑 **뭐가 / 제일 / 재미있었어요 ?**

제일は「ジェイル」のように「ル」をはっきり言わないようにするのがポイントです。「ジェイ」と言いながら、「ル」とはっきりと発音せずに舌を上の歯茎に軽くつけるだけで十分です。

🖊 **ちょっと
くわしく** **ネイティブは뭐をこう使う！**　　　◀》 8-5

「何」を意味する**뭐**の正しい発音は「ムォ」ですが、なぜかネイティブは少し崩して「モ」と発音することが多いです。このような、「ネイティブならではの発音の崩し方」がわかると日常会話がどんどん聞き取れるようになります。

○ 　ムォ 　へ
뭐 해?（何してる?）
➡ネイティブが日常でよく使う発音は**뭐 해?**
　　　　　　　　　　　　　　モ　　へ

○ 　ムォ　シキルッカ
뭐 시킬까?（何頼もうか?）
➡食べ物のメニューを選ぶときに使う表現。

○ 　ムォ　ハルッカ
뭐 할까?（何しようか?）

○ 　ムォ　ドゥルルッカ
뭐 들을까?（何聞こうか?）
➡ライブ配信で歌を流す前などに言う。

DAY 9

何を食べましょうか？

ムォ　モグルッカヨ
뭐 먹을까요?

---

1 こんなふうに使われる！ 🔊 9-1

ネイル　　ガチ　　バプ　　モグルッカヨ
😀 **내일 같이 밥 먹을까요?**
（明日一緒にご飯食べましょうか？）

ジョアヨ　　ムォ　　モグルッカヨ
😀 **좋아요! 뭐 먹을까요?**
（いいですね！ 何を食べましょうか？）

ウム　　　ギムチチゲヌン　　オッテヨ
😀 **음… 김치찌개는 어때요?**
（ん…キムチチゲはどうですか？）

---

2 意味を確認しよう！ 🔊 9-2

〜까요? は「〜（し）ましょうか？」という意味で、何かに誘うときにとてもよく使われる表現です。タメ口で「〜（し）ようか？」と言いたいときは、最後の**요**だけ取って、**먹을까**（食べようか）と言います。日本語もタメ口だと「〜か？」と言うので、関連づけると覚えやすいかもしれませんね。

チャラド　　マシルッカヨ
▶ **차라도 마실까요?**（お茶でも飲みましょうか？）

ガチ　　サジン　　ッチグルッカヨ
🎤 **같이 사진 찍을까요?**
（一緒に写真撮りましょうか？）

イェギヘ　　ジュルッカ
⚫ **얘기해 줄까?**（話してあげようか？）

> ヨを取るとタメロになるんだね！
> らくちん〜♪

> すべてではないけど、大体そうなっているよ！

3 あとについて言っておぼえよう！　　🔊 9-3

😊 **내일 / 같이 / 밥 먹을까요?**

😊 **좋아요! 뭐 / 먹을까요?**

😊 **음… 김치찌개는 / 어때요?**

➡ **음**は悩む気持ちを込めよう。**ㅁ**パッチムは口を軽く閉じるよ！

韓国人は**김치**をキムチのように「ム」をはっきり言いません。「ギ」を言いながら
口を軽く閉じて、続けてチと言います。「ム」とはっきり言うのではなく、口を軽
く閉じることがポイントです。

4 何も見ずに、どれくらい聞き取れるか試してみよう！　　🔊 9-4

✏ **ちょっと
くわしく**　　**〜까요?にはもう1つ意味がある？**　　🔊 9-5

〜까요?には、「〜（し）ましょうか？」という勧誘のほかにもう1つ意味がありま
す。それは「〜でしょうか？」「〜（し）ますかね？」という推測の意味です。文脈
で使い分けるので、いろんな例文を見て、慣れていくことが大事です！

> グロルッカヨ
😊 **그럴까요?**（そうですかね？）
➡ 状況によっては「そうしましょうか？」という勧誘の意味でも使われる。

　　ネイル　ビガ　オルッカヨ
○ **내일 비가 올까요?**（明日雨が降りますかね？）

> アン　メウルッカ
▶ **안 매울까?**（辛くないかな？）
➡ **〜까?**とタメ口で言うと「〜かな？」の意味。

聞き取りがうまくいかない よくある失敗パターン3つ!

韓国語で文が作れるようになっても、聞き取りがうまくいかず悩んでいる方も多いです。その原因の多くは、「ネイティブの発音に慣れていないから」です。では、聞き取りの学習でよくある失敗パターン3つを紹介します。

❶日本語のように読んでしまう!

韓国語を日本語のように読んでしまうと、発音はもちろん、聞き取りの上達も遠のいてしまいます。例えば、**약속**(約束)の場合、日本語のふりがなでは「ヤクソク」になりますが、正しい発音は「ヤッソッ」(「ッ」はノドが詰まる感じの音)です。**약속**を「ヤクソク」の発音で覚えてしまうと、「ヤッソッ」というネイティブの発音が聞き取れないのは当たり前。韓国語の文字と正しい音をセットで学ぶことはとても大事です。

❷規則的に考えてしまう!

ネイティブは文字通りではなく、違う音で発音することもあります。例えば、**앞머리**(前髪)は「アプモリ」と発音するはずなのに、ネイティブは「アンモリ」と言います。その理由は、簡単に言うと「発音しやすくするため」です。日本語でも、「甘酸っぱい」を「あますっぱい」と言わずに「あまずっぱい」と言いますよね。このように文字通り読まない単語は、丸ごと発音を覚えていきましょう!

❸すべての言葉を聞き取ろうとする!

聞き取りに必死になると、すべての単語や表現を聞き取ろうとする傾向がありますが、一言一句、正確に、すべてを聞き取ろうとする必要はありません。コミュニケーションの際には、話の内容以上に声の大きさ、口調、表情、ジェスチャーなどの非言語情報も重要な要素です(非言語情報の影響が93%とも言われます)。大事な非言語の情報を逃してしまわないように、「何を言いたいのだろう」という視点で話を聞くことがポイントです。

STAGE 2

DAY11	～たら　　～면 …………………………………… 42
DAY12	～(す)ればいいです　　～면 돼요 …………… 44
DAY13	～(して)もいいですか?　　～도 돼요? ……… 46
DAY14	～ですね　　～네요 ………………………………… 48
DAY15	～(し)て　　～고 …………………………………… 50
DAY16	～(し)て　　～서 …………………………………… 52
DAY17	～だから　　～니까 ………………………………… 54
DAY18	～(して)みてください　　～봐요 ……………… 56
DAY19	～(し)なければなりません　　～야 돼요 …… 58
DAY20	よく使うあいづち表現 …………………………… 60

DAY 11

ジョンノに来たらここにぜひ行ってください。

종로에 오면 여기 꼭 가세요.

_{ジョンノエ オミョン ヨギ ッコク ガセヨ}

Ⅰ こんなふうに使われる！ ◀)) 11-1

맛집 추천해 줄까요? （美味しいお店、おすすめしましょうか？）
_{マッチブ チュチョネ ジュルッカヨ}

종로에 오면 여기 꼭 가세요.
_{ジョンノエ オミョン ヨギ ッコク ガセヨ}
（ジョンノに来たらここにぜひ行ってください。）

가게 이름이 뭐예요? （お店の名前は何ですか？）
_{ガゲ イルミ ムォエヨ}

---

2 意味を確認しよう！ ◀)) 11-2

日本語で何かを仮定するときには、「〜と」「〜たら」「〜ば」「〜なら」などを使いますよね。韓国語ではこれらはすべて**〜면**です。「〜するといい」「〜すればいいな」など、いろんな表現で使います。

ちなみに、**맛**は「味」、**집**は「家」という意味で、合わせて「美味しいお店」という意味です。**종로**は幅広い年齢層が訪れる話題のスポットで、屋台とお肉ストリートが有名です。

○ **집에 가면 먼저 씻어요.** （家に帰ったらお風呂に入ります。）
_{ジベ ガミョン モンジョ ッシソヨ}

○ **시간 있으면 같이 놀아요.** （お時間あれば一緒に遊びましょう。）
_{シガン イッスミョン ガチ ノラヨ}

▶ **답장이 안 오면 어떡하지?**
_{ダプッチャンイ アノミョン オットカジ}
（返信が来なかったらどうしよう？）

ぜーんぶ면でいいんだね！

42

👤 **맛집 / 추천해 줄까요 ?**
종로에 오면 / 여기 꼭 가세요 .

➡ **종로**の**종**は「ジョ」と「チョ」の間の音だよ！

👤 **가게 이름이 / 뭐예요 ?**

종로を1文字ずつ読むと [ジョン] と [ロ] になりますが、崩して「ジョンノ」と言います。

이름이 뭐예요 ?（名前は何ですか？）もすごくよく使われる表現なので、丸ごと覚えておきましょう。

🖋 **ちょっと
くわしく**　「〜たら」を面と言わないこともある？　🔊 11-5

「〜たら」は全部、「〜**면**」だと解説しましたが、なぜかネイティブはその通りに言わないことも多いです。**면**ではなく、同じ意味の〜**면은**を使う場合も結構あります！ どちらも「〜たら」で覚えておきましょう。とにかく「ミョ」が聞こえてきたら、「〜たら」だ！ と思ってください。

▶ <small>グロミョヌン　　イゴン　　オッテ</small>
그러면은 이건 어때? （そうしたら、これはどう？）
➡ **그러면은**の代わりに<small>グロミョン</small>**그러면**でもOK!

✍ <small>ノ　　アニミョン　　アン ドェ</small>
너 아니면 안 돼. （君じゃないとダメだ。）
➡ **아니면**の代わりに<small>アニミョヌン</small>**아니면은**でもOK!

DAY 12 これを使えばいいです。

イゴ ッスミョン ドェヨ
이거 쓰면 돼요.

---

1 こんなふうに使われる！　　クリームを見せながら　🔊 12-1

ピブガ ゴンジョヘソ ゴミニエヨ
😮 **피부가 건조해서 고민이에요.**
（肌が乾燥していて悩んでいます。）

イゴ ッスミョン ドェヨ
😮 **이거 쓰면 돼요.**（これを使えばいいです。）

オットン ゴエヨ
😮 **어떤 거예요?**（どんなものですか？）

---

2 意味を確認しよう！　　🔊 12-2

「～(す)ればいいです」「～(し)たらいいです」は**쓰면 돼요**（使えばいいです）
のように言います。돼は「ドェ」と読みますが、ネイティブは崩して「デ」と言
うことが多いので、この発音にも慣れておきましょう！

プク スィミョン グェンチャナヨ
○ **푹 쉬면 괜찮아요.**
（ゆっくり休めば大丈夫です。）
→ 돼요（いいです）の代わりに
괜찮아요（大丈夫です）を使ってもOK！

イロケ ハミョン ドェ
○ **이렇게 하면 돼?**
（このようにしたらいいの？）
→ 이렇게 하면を縮めて이러면と
言うことも多い。

もしかしてDAY11に
出てきた면と一緒？

そう！
면に돼요（いいです）
をつけただけなんだ！

44

3 あとについて言っておぼえよう! ◀)) 12-3

👤 **피부가 / 건조해서 / 고민이에요.**
➡悩んでいる気持ちを込めて!

👤 **이거 쓰면 돼요.**

👤 **어떤 거예요?**

쓰면の**쓰**は「まっすぐ」の「っす」の音と一緒です。

어떤の最後は少しトーンを上げます。「どんな」ものなのかが気になるわけなので、「**어떤**」にアクセントを置きましょう。

4 何も見ずに、どれくらい聞き取れるか試してみよう! ◀)) 12-4

🖊 **ちょっと くわしく** 「いけません」は **안 돼요**! ◀)) 12-5

「〜(し)てはいけません」は、韓国語では「〜(し)たらよくないです」のように言うので、**〜면 안 돼요**です。DAY5に出てきた否定の意味の**안〜**を**돼요**につけて**안 돼요**となります。

○ **만지면 안 돼요.**
　マンジミョン　アン　ドェヨ
（触ってはいけません。）

○ **포기하면 안 돼.**
　ポギハミョン　アン　ドェ
（諦めちゃだめ。）

フレーズで丸ごと覚えよう!

🚫 **안 돼!**（ダメ!）
　アン　ドェ

45

DAY 13 傘借りてもいいですか?

우산 빌려도 돼요?
ウサン ビルリョド ドェヨ

---

1 こんなふうに使われる!
🔊 13-1

👤 **우산 빌려도 돼요?** (傘借りてもいいですか?)
ウサン ビルリョド ドェヨ

👤 **네. 돼요.** (はい。いいです。)
ネ ドェヨ

👤 **감사합니다. 덕분에 살았어요.**
ガムサハムニダ ドップネ サラッソヨ
(ありがとうございます。おかげで助かりました。)

2 意味を確認しよう!
🔊 13-2

「～も」を意味する**도**に**돼요**をつけて、**빌려도 돼요**のように言うと、「借りてもいいです」という意味になります。「～(して)もいいですか?」と許可をもらうときに、とてもよく使われます。

- **여기서 사진 찍어도 돼요?**
  ヨギソ サジン ッチゴド ドェヨ
  (ここで写真撮ってもいいですか?)

- **물어 봐도 돼요?** (聞いてみてもいいですか?)
  ムロ ボァド ドェヨ
  ➡ 何か質問する前に、前置きとしてよく使う表現。

- ▶ **믿어도 돼?** (信じてもいいの?)
  ミドド ドェ

- **그래도 돼?** (そうしてもいいの?)
  グレド ドェ

> ネイティブは도を두と
> 発音することも多いよ!

👤 **우산 / 빌려도 돼요?**

👤 **네. 돼요.**

👤 **감사합니다. 덕분에 살았어요.**

ネイティブの発音を聞くと、たまに**네**が「デ」に聞こえたりしますよね。これも25ページで解説した内容の延長線で、ネイティブは語頭の音を濁らせたり、濁らせなかったりするクセがあるからなんです。ネイティブも「ネ」と言っているつもりなので、「デ」ではなく「ネ」と発音しましょう。

4 何も見ずに、どれくらい聞き取れるか試してみよう！　　🔊 13-4

✏️ **ちょっと くわしく** **感謝の表現は감사합니다だけじゃない！** 🔊 13-5

감사합니다以外のよく使われる感謝の表現をまとめて覚えておきましょう！

❶ありがとうございます。

　　ガムサヘヨ　　　　　ゴマウォヨ　　　　　ゴマプスムニダ
　감사해요. / 고마워요. / 고맙습니다.

❷おかげで助かりました。

　　ドップネ　　サラッソヨ
　덕분에 살았어요.
　➡直訳すると「おかげで生きました[生きることができました]」という意味。

❸とてもありがたいです。

　　ノム　　ゴマウォヨ
　너무 고마워요.

　　ゴマウォソ　　　オットケヨ
　고마워서 어떡해요.
　➡直訳は「ありがとくてどうしましょう」。日本語で考えると少し不自然ですが、よく使う感謝の表現の1つ。

DAY 14

初めて見ますが、面白いですね。

_{チョウム ボヌンデ ジェミインネヨ}
처음 보는데 재미있네요.

I こんなふうに使われる！ ◀) 14-1

👤 _{ムォ ヘヨ}
뭐 해요?（何しますか？）

👤 _{ドゥラマ ボァヨ}
드라마 봐요.（ドラマ見ます。）

_{チョウム ボヌンデ ジェミインネヨ}
처음 보는데 재미있네요.
（初めて見ますが、面白いですね。）

---

2 意味を確認しよう！ ◀) 14-2

〜네요は「〜ですね」という意味で、共感するときや感嘆したときによく使われます。**요**を取って**네**だけ言うと「〜だね」というタメ口になります。

○ _{ジョグム オリョムネヨ}
조금 어렵네요.（少し難しいですね。）

▶ _{ジンッチャ グィヨムネヨ}
진짜 귀엽네요.（とてもかわいいですね。）

○ _{ヨジュム バップネヨ}
요즘 바쁘네요.（最近忙しいですね。）

○ _{グロネヨ}
그러네요.（そうですね。）

○ _{ビ オネ}
비 오네.（雨降ってるね。）

日本語の「〜よね」の
逆で「ねよ」と覚えよう！

日本語と似てるから
これは楽勝かも♥

3 あとについて言っておぼえよう！　　　🔊 14-3

👤 **뭐 해요?**

➡️ 뭐は崩して「モ」のように言ってみよう！

👤 **드라마 / 봐요.**
처음 보는데 / 재미있네요.

➡️ 봐は崩して「バ」のように言うとネイティブっぽいよ！
처음は「チョウン」という感じで最後に軽く口を閉じるイメージ！

재미있네요の있の発音は「イッ」ですが、ここでは、次の**네**を言いやすくするために崩して「イン」と言うと自然です。

4 何も見ずに、どれくらい聞き取れるか試してみよう！　　　🔊 14-4

✏️ **ちょっと
くわしく**　　　**もう1つの「～ですね」**　　　🔊 14-5

「～ですね」は、～**네요**ではなく～**군요**と言うこともあります。**군요**は正確には「～なんですね」という意味です。**네요**より少しかたいニュアンスなので、頻繁に使われるわけではありません。ただし、～**군요**のタメ口の～**구나**は、共感するときにとてもよく使われます。

ちゃんぽんを食べながら

👤 ハングク ッチャムッポンウン メムネ
한국 짬뽕은 맵네.（韓国のちゃんぽんは辛いね。）

ちゃんぽんを食べながら「辛い」と言うAに対して

👤 グロクナ
그렇구나.（そうなんだ。）

➡️「なるほど」というニュアンス。
感情を独り言で言っている感じなので、目上の人の前でも使えます。

49

DAY 15

ぐっすり眠って明日また連絡してね。

ジャル ジャゴ ネイル ット ヨルラケ
잘 자고 내일 또 연락해.

I こんなふうに使われる！　　　　　　　　　🔊 15-1

👤 ビゴネソ　モンジョ　ジャルッケ
피곤해서 먼저 잘게. （疲れたから先に寝るね。）

👤 ジャル ジャゴ　ネイル　ット　ヨルラケ
잘 자고 내일 또 연락해.
（ぐっすり眠って明日また連絡してね。）

👤 ウン　ジャル ジャ
응. 잘 자. （うん。おやすみ。）

---

2 意味を確認しよう！　　　　　　　　　🔊 15-2

「〜（し）て」は**〜고**と言います。**고**を使った表現を聞き取るコツが2つあります。1つ目は、会話のときに、**고**を**구**と発音することもあるので、両方のパターンを知っておくことです。そして2つ目は、日本語の「〜して」と同じようにトーンを上げて言うことが多いので、話すトーンも発音と一緒に覚えることです。

🎤 チョンソハゴ　ッパルレヘッソヨ
청소하고 빨래했어요.
（掃除して洗濯しました。）

⚪ ナムジャ　チングヌン　ジャルセンギゴ　チャケヨ
남자 친구는 잘생기고 착해요.
（彼氏はイケメンで優しいです。）

👤 **피곤해서 / 먼저 잘게 .**
　→ **잘게**は崩して「ジャッケ」と言ってみよう！

👤 **잘 자고 / 내일 / 또 / 연락해 .**

👤 **응 . 잘 자 .**

잘 자の**잘**の発音は「ジャ」を言いながら、舌を上の歯茎に軽くつければOKです。
ネイティブは少し崩して、舌を上の歯茎にしっかりつけずに、上に向けて少し
上げるだけで言うことも多いです。

4 何も見ずに、どれくらい聞き取れるか試してみよう！ 🔊 15-4

✏️ **ちょっと
くわしく** **ㄹの音が聞こえない！？** 🔊 15-5

ㄹパッチムは舌を上の歯茎につけるときの音なので、日本語話者の耳では聞
き取れないことが多いです。むしろ、ほんのり「ウ」の音に聞こえたりもします。
話すときは正しい**ㄹ**パッチムの発音を意識しないといけませんが、聞き取りの
ときは**ㄹ**パッチムの発音を思いっきり無視してしまうほうが耳に入ってきやすく
なります。

○ **잘 자 .** (おやすみ。)
　→ ［ジャゥジャ］のように「ウ」の音に聞こえる。

○ **잘게 .** (寝るね。)
　→ ［ジャッケ］や［ジャッケ］のように聞こえる。

○ **〜할까요?** (〜しましょうか？)
　→ ［ハゥカヨ］や［ハッカヨ］のように聞こえる。

パーマ かけたけど
どう？

いいね♡
(ㄹは 無視
しちゃおう‥)

DAY 16

軽いので大丈夫。

_{ガビョウォソ} _{グェンチャナ}
가벼워서 괜찮아.

| 1 | こんなふうに使われる！ | 🔊 16-1 |

_{ガバン} _{ドゥロ} _{ジュルッカ}
가방 들어 줄까? （カバン持ってあげようか？）

_{ガビョウォソ} _{グェンチャナ}
가벼워서 괜찮아. （軽いので大丈夫。）

_{シンギョン} _{ッソジュォソ} _{ゴマウォ}
신경 써줘서 고마워. （気遣ってくれてありがとう。）

| 2 | 意味を確認しよう！ | 🔊 16-2 |

「〜（し）て」「〜なので」と言うときは、**가벼워서**（軽いので）のように言います。DAY15で学んだ〜**고**も「〜（し）て」でしたが、〜**서**は「〇〇なので、××した」のように前後の文の内容に関連があるときに使います。文脈によっては「〜ので」と訳されることもあります。

ただ、聞き取りの際は細かいニュアンスまで気にせずに〜**고**や〜**서**が聞こえたら、「〜して」に変換することを意識しましょう！

🎤 _{ペゴパソ} _{パブ} _{シキョッソヨ}
배고파서 밥 시켰어요.
（お腹空いてご飯頼みました。）

○ _{ヤクソギ} _{チゥィソドェソ} _{アスィウォヨ}
약속이 취소돼서 아쉬워요.
（約束がキャンセルされて残念です。）

○ _{コンソトゥエ} _{ダンチョムドェソ} _{ハングゲ} _{ガヨ}
콘서트에 당첨돼서 한국에 가요.
（コンサートに当たったので韓国に行きます。）

😊 **가방 / 들어 줄까?**

😊 **가벼워서 / 괜찮아.**

신경 써줘서 / 고마워.

→ **줘**は「ジョ」、**워**は「オ」と少し崩して言うとネイティブっぽい！

가방は日本語の「カバン」とほぼ同じ発音ですが、「カ」を少し濁らせて「ガ」寄りに発音すると自然です。

4 何も見ずに、どれくらい聞き取れるか試してみよう！　　🔊 16-4

✏ ちょっと
くわしく **그래をネイティブっぽく使ってみよう！**　　🔊 16-5

ネイティブの会話をよく聞いてみると、〜**서**のあとに**그래**を続けることがあります。**그래**は「そう」「わかった」という意味ですが、そのまま直訳すると不自然になります。〜**서 그래**は「〜でね」「〜だからさ」という意味で、丸ごと覚えましょう！

▶ **좋아서 그래.**（好きだからさ。）
　　ジョアソ　　グレ

▶ **보고싶어서 그래.**（会いたくてさ。）
　　ポゴシポソ　　グレ

○ **힘들어서 그래.**（大変だからさ。）
　　ヒムドゥロソ　　グレ

○ **걱정돼서 그래요.**（心配だからなんです。）
　　ゴッチョンドェソ　　グレヨ
　　→ **그래**のあとに**요**をつけると、「〜だからなんです」という丁寧な表現になる。

그래を使いこなしたいな！

DAY 17

春だからピンクにしてみた。

ボミニッカ　ピンクロ　ヘ　ボァッソ
봄이니까 핑크로 해 봤어.

1　こんなふうに使われる！　　🔊 17-1

ネイル　セロ　ヘッソ
네일 새로 했어? （ネイル新しくしたの?）

ウン　ボミニッカ　ピンクロ　ヘ　ボァッソ
응. 봄이니까 핑크로 해 봤어.
（うん。春だからピンクにしてみた。）

セッカル　ジンッチャ　イェップダ
색깔 진짜 예쁘다. （色がとてもきれいだね。）

2　意味を確認しよう！　　🔊 17-2

～**니까**は「～だから」という意味で、理由を言うときに使われます。
「ニッカ～」のように最後の部分を伸ばしたり、「ニッカ↗」のようにトーンを上げて言うことが多いので、聞き取る際には抑揚に注意して意味をキャッチしましょう！

ドウニッカ　チャンムン　ヨルッカヨ
○ **더우니까 창문 열까요?** （暑いから窓を開けましょうか?）

グパニッカ　ッパルリ　ヘ　ジュセヨ
○ **급하니까 빨리 해 주세요.** （急いでいるので早くしてください。）

ジェガ　イッスニッカ　ゴッチョンハジ　マセヨ
▶ **제가 있으니까 걱정하지 마세요.**
（私がいるから心配しないでください。）

😎 **네일 / 새로 했어 ?**

😎 **응 . 봄이니까 / 핑크로 해 봤어 .**

→ **봤어**の**봤**は少し崩して「バ」と発音すると自然だよ！

😎 **색깔 / 진짜 / 예쁘다 .**

네일は「ネイル」のように「ル」をしっかり言わないことがポイントです。「ネイ」
を言いながら舌を上の歯茎あたりに軽くつけるだけでOKです。

4 何も見ずに、どれくらい聞き取れるか試してみよう！   ◀) 17-4

✎ ちょっと
くわしく   **니까のもう１つの意味！**   ◀) 17-5

〜**니까**には「〜（し）たら」という意味もあります。仮定の意味の〜**면**とは違って、
「〜してみたら、なんと … だった」のようなニュアンスで使われます。

○ イリ ックンナニッカ ヨルットゥシヨッソヨ
일이 끝나니까 12시였어요 .（仕事が終わったら、12時でした。）

▶ アルゴ ボニッカ ジョウン サラミオッソヨ
알고 보니까 좋은 사람이었어요 .（あとからわかったけど、良い人でした。）
→ **알고 보니까**の直訳は「知ってみたら」。
「調べてみたら」や「あとからわかったけど」と訳すことが多い。

✍ マクサン モゴボニッカ アン メムネヨ
막상 먹어보니까 안 맵네요 .（いざ食べてみたら、辛くないですね。）

○ バミ ドェニッカ チュムネヨ
밤이 되니까 춥네요 .（夜になると寒いですね。）

○ ジョヌァハニッカ アン バットラゴ
전화하니까 안 받더라고 .（電話したら出なかったのよ。）

DAY 18

ちょっとこれ見てみて。

イゴ ジョム ボァ ボァ
이거 좀 봐 봐.

---

1 こんなふうに使われる！ SNSをしながら 🔊 18-1

👤 イゴ ジョム ボァ ボァ
이거 좀 봐 봐. （ちょっとこれ見てみて。）

👤 ムォンデ
뭔데? （何？）

👤 イゲ ヨジュム インッキレ
이게 요즘 인기래. （これが最近人気らしい。）

2 意味を確認しよう！ 🔊 18-2

「～（して）みて」は**～봐**と言います。では、「見てみて」は何でしょうか？
そうです！ **봐 봐**です。**뭔데?** は**뭐?** と言ってもOKです。また、**뭔데? 뭔데?**
（なに？ なに？）と2回くり返すこともあります。

⭕ イ ペク ッコク ッソ ボァ
이 팩 꼭 써 봐. （このパックぜひ使ってみて。）

🎤 イゴ モゴ ボァ
이거 먹어 봐. （これ食べてみて。）

▶️ グ サラム ハンボン マンナ ボァヨ
그 사람 한번 만나 봐요. （あの人、一度会ってみてください。）
➡️ 最後に**요**をつけると丁寧語になる。

> 봐は「バ」と崩して言ったりもするんだ

> 「バ」が聞こえたら「～みて」なんだね！

이거 / 좀 / 봐 봐.

뭔데?

이게 / 요즘 / 인기래.

인기は「インギ」ではなく「インッキ」と読むこともあります。日本語の「人気」と似ていて覚えやすいですよね。

4　何も見ずに、どれくらい聞き取れるか試してみよう！　　◀)) 18-4

ちょっと くわしく　**봐と関連してよく使う語尾のまとめ**　◀)) 18-5

「〜（して）みてください」「〜（して）みました」など、関連した語尾をまとめて知っておくとリスニング力もぐんと上がります！　とりあえず、ほにゃらら「ボァ」や「ボ」が聞こえたら、「〜みる」を頭に浮かべてみてください！

○ **한번 입어 보세요.**（一度着てみてください。）
（ハンボン　イボ　ボセヨ）
　➡**보세요**で「〜（して）みてください」という意味。

✍ **더 연습해 볼게요.**（もっと練習してみますね。）
（ド　ヨンスペ　ボルッケヨ）
　➡**볼게요**で「〜（して）みますね」という意味。

○ **인터넷에서 찾아 봤어요.**（ネットで探してみました。）
（イントネセソ　チャジャ　ボァッソヨ）
　➡**봤어요**で「〜（して）みました」という意味。

○ **마셔 봤는데 맛있었어요.**（飲んでみたけど美味しかったです。）
（マショ　ボァンヌンデ　マシッソッソヨ）
　➡**봤는데**で「〜（して）みたけど」という意味。

DAY 19

仕事なので
早く行かないといけません。

일 때문에 빨리 가야 돼요.
イル ッテムネ ッパルリ ガヤ ドェヨ

---

1 こんなふうに使われる！ カフェで ◀) 19-1

😀 **언제 나가야 돼요?** （いつ出ないといけませんか？）
オンジェ ナガヤ ドェヨ

😀 **일 때문에 빨리 가야 돼요.**
イル ッテムネ ッパルリ ガヤ ドェヨ
（仕事なので早く行かないといけません。）

😀 **그럼 빨리 얘기할게요.** （では早く話しますね。）
グロム ッパルリ イェギハルッケヨ

2 意味を確認しよう！ ◀) 19-2

～야 돼요は「～(し)なければなりません」という意味で、当たり前にそうしないといけない場合に使われます。**요**を取るとタメ口の**～야 돼**（～(し)なきゃ）になります。「ヤデ」のように聞こえることが多いです。

○ **돈을 모아야 돼요.** （お金を貯めなければなりません。）
ドヌル モアヤ ドェヨ

▶ **상사한테 물어봐야 돼요.** （上司に聞いてみなければいけません。）
サンサハンテ ムロボァヤ ドェヨ

○ **신발을 벗어야 돼요.** （靴を脱がなければなりません。）
シンバルル ボソヤ ドェヨ

> 돼は「ドェ」より「デ」に聞こえることがほとんどなんだよね！

> 津子はやっぱ天才"やで"～笑

👤 **언제 / 나가야 돼요?**

👤 **일 때문에 / 빨리 가야 돼요.**

👤 **그럼 / 빨리 / 얘기할게요.**

돼は少し崩して「デ」と発音してみましょう。

빨리の「ッパ」は「やっぱり」の「っぱ」ように言うのがコツです。

🖉 **ちょっと
くわしく** 　　**야 돼요と同じように使う表現** ◀)) 19-5

〜**야 돼요**ではなく、**〜야 해요**と言うこともあります。意味は同じなので、「ドェ」と「ヘ」のどちらでも大丈夫だと思っておきましょう。タメ口の場合は、後ろの**요**を取って〜**야 해**と言います。

○ **지금 가야 해요?**
　ジグム　ガヤ　ヘヨ
　（今行かないといけませんか？）

○ **확인해야 해요.**
　ファギンヘヤ　ヘヨ
　（確認しなければなりません。）

🔊 **일찍 일어나야 해요.**
　イルッチク　イロナヤ　ヘヨ
　（早く起きないといけません。）

59

よく使うあいづち表現

그래요?
(そうですか?)

今まで知らなかったことを初めて聞いたときによく使われる。

タメ口 **그래?**（そう?）

그러게요.
(そうですよね。)

「たしかに」というニュアンス。同じ意味で**그러게 말이에요**もある。

タメ口 **그러게.**（それな。）

에이
(いやいや)

褒められて「いやいや、そんなことないですよ」と言うときや「そんなわけないでしょ、冗談でしょ」と疑うとき、「もういいわ」とがっかりしたときなど、いろいろな場面で使われる感嘆詞。

맞아요.
(そうです。)

直訳は「合っています」という意味で、相手の話に共感するときによく使われる。

タメ口 **맞아.**（そう。）

진짜요?
(本当ですか?)

아~と言いながら**진짜요?**と言うことが多い。同じ意味の**정말요?**を使うこともある。

タメ口 **진짜?**（本当?）

그쵸?
(ですよね?)

그렇지요?を縮めて**그렇죠?**になり、さらに縮めて**그쵸?**となる。相手に共感を求めるときによく使われる。

タメ口 **그치?**（だよね?）

설마요.
(まさかです。)

에이~ 설마요のように、**에이**と一緒に使うことが多い。

タメ口 **설마.**（まさか。）

글쎄요.
(ええとですね。)

同じ意味の**글쎄 말이야**もよく使われる。

タメ口 **글쎄.**（さあ。）

물론이죠.
(もちろんです。)

물론（無論）に**이죠**（ですよ）をつけた表現。同じ意味で**당연하죠**や**그럼요**もよく使われる。

タメ口 **물론이지.**（もちろん。）

STAGE 3

DAY21	〜(し)ますね　〜ㄹ/을게요	62
DAY22	〜(し)そうです　〜겠어요	64
DAY23	〜(し)よう　〜자	66
DAY24	〜(し)ようと思います　〜려고요	68
DAY25	〜(し)なければなりません　〜야겠어요	70
DAY26	〜(し)たことがあります　〜적이 있어요	72
DAY27	〜のようです　〜것 같아요	74
DAY28	〜ですよね　〜죠	76
DAY29	〜けど　〜데	78
DAY30	よく使う独り言	80

DAY 21

すみませんが、もう少しあとに 電話しますね。

<ruby>죄송한데<rt>ジュェソンハンデ</rt></ruby> <ruby>조금<rt>ジョグム</rt></ruby> <ruby>이따가<rt>イッタガ</rt></ruby> <ruby>전화할게요<rt>ジョヌァハルッケヨ</rt></ruby>.

---

1 こんなふうに使われる！ 　電話で 　🔊 21-1

🧑 <ruby>여보세요<rt>ヨボセヨ</rt></ruby>. （もしもし。）

🧑 <ruby>죄송한데<rt>ジュェソンハンデ</rt></ruby> <ruby>조금<rt>ジョグム</rt></ruby> <ruby>이따가<rt>イッタガ</rt></ruby> <ruby>전화할게요<rt>ジョヌァハルッケヨ</rt></ruby>.
（すみませんが、もう少しあとに電話しますね。）

🧑 <ruby>알겠습니다<rt>アルゲッスムニダ</rt></ruby>. （わかりました。）

---

2 意味を確認しよう！ 　🔊 21-2

相手に約束や宣言をするときの「～（し）ますね」は**전화할게요**（電話しますね）のように言います。話し手の意思が含まれているニュアンスで、「～（し）ます」と訳されることもあります。タメ口は**요**を取って**전화할게**（電話するね）になります。

○ <ruby>먼저<rt>モンジョ</rt></ruby> <ruby>시킬게요<rt>シキルッケヨ</rt></ruby>. （先に頼みますね。）

○ <ruby>술<rt>スル</rt></ruby> <ruby>끊을게<rt>ックヌルッケ</rt></ruby>. （お酒やめるね。）

アーティストがライブ配信で

🎤 <ruby>이제<rt>イジェ</rt></ruby> <ruby>라이브<rt>ライブ</rt></ruby> <ruby>끝낼게요<rt>ックンネルッケヨ</rt></ruby>. （もうライブ配信終わりますね。）

😊 **여보세요.**

😊 **죄송한데 / 조금 이따가 / 전화할게요.**

😊 **알겠습니다.**

여보세요は崩して「ヨブセヨ」と発音したり、縮めて「ヨブセヨ」と言うことも多いです。

이따가は略して**이따**(イッタ)だけで言うこともあるので、頭に入れておきましょう。

4 何も見ずに、どれくらい聞き取れるか試してみよう！　◀)) 21-4

✏️ **ちょっと くわしく**　**ライブ配信でよく使われる게요まとめ**　◀)) 21-5

ライブ配信でアーティストなどがよく使う**게요**の表現をまとめてみました。ライブ配信を見るときに、**게요**がいつ出るかアンテナを張って聞いてみるのも楽しそうですね！

📢 또 올게요. (また来ますね。)
➡ライブ配信を終了する前によく言うフレーズ。

📢 그럴게요. (そうしますね。)

📢 응원할게. (応援するね。)
➡試験勉強中のファンに応援のメッセージとしてよく言うフレーズ。
　ファンがアーティストに対して言うこともある。

📢 약속할게. (約束するね。)

DAY 22

疲れるでしょう。

ピゴナゲッソヨ
피곤하겠어요.

| I | こんなふうに使われる！ | 🔊 22-1 |

ヨジュム ジャル シガニ オプソヨ
요즘 잘 시간이 없어요.（最近寝る時間がないです。）

ピゴナゲッソヨ
피곤하겠어요.（疲れるでしょう。）

オヌルド ヤグニエヨ
오늘도 야근이에요.（今日も残業です。）

| 2 | 意味を確認しよう！ | 🔊 22-2 |

推測の表現の「〜（し）そうです」「〜でしょう」は、**피곤하겠어요**（疲れるでしょう）のように言います。タメ口は**요**を取って**피곤하겠어**（疲れるでしょ）と言いますが、同じ意味の**피곤하겠다**のほうがよく使われます。

アプゲッソヨ
○ **아프겠어요.**（痛そうです。）

ヒムドゥルッケッソヨ
▶ **힘들겠어요.**（大変そうです。）
➡ 相手に共感するシーンでよく使う！

ジェミイッケッタ
재미있겠다!（楽しそう！）

マシッケッタ
맛있겠다!（美味しそう！）
➡ 「〜そう」と自分の感情を言うシーンでは**겠다**を使うことが多い！

じゃあ、タメロは〜겠다で覚えとこ！

それが無難ゲッタ笑

64

요즘 / 잘 시간이 / 없어요.

→없어요の없は「プ」とはっきり言わずに「オ」を言いながら口を閉じる感じ！

피곤하겠어요.

오늘도 / 야근이에요.

4 何も見ずに、どれくらい聞き取れるか試してみよう！ ◀)) 22-4

✎ ちょっと くわしく **〜겠어요は文脈で意味が変わる！？** ◀)) 22-5

〜겠어요は、「〜（し）そうです」以外の意味でも使われます。意味がいくつか
ある表現は「代表的なフレーズ」をインプットしておきましょう。大事なのは、
その表現が「どんなシーンで使われるのか」を意識すること。そうすると、同じ
表現を聞いたときに「あ！ このシーンならこの意味かな？」と瞬時に考えられます。

❶意志を言うとき

「〜します！」と自分の意志を言うときにも使われます。

○ 성공하겠어요! (成功します！)
　ソンゴンハゲッソヨ

❷慣用句として言うとき

「いただきます」「よくわかりました」のような、普段よく使う慣用句にも使われ
ています。**겠**の意味を考えるよりも、フレーズを丸ごと覚えてしまいましょう！

🍽 잘 먹겠습니다. (いただきます。)
　ジャル　モッケッスムニダ

🍽 잘 모르겠어요. (よくわかりません。)
　ジャル　モルゲッソヨ

DAY
23

一緒に見よう。

ガチ　ボジャ
같이 보자.

| I | こんなふうに使われる！ | 電話で | ◀)) 23-1 |

イッタ　トェグナゴ　ボルッカ
이따 퇴근하고 볼까?（あとで仕事終わってから会おうか？）

ボゴ　シプン　ヨンファ　インヌンデ　ガチ　ボジャ
보고 싶은 영화 있는데 같이 보자.
（見たい映画があるんだけど、一緒に見よう。）

グレ　デリロ　ガルッケ
그래. 데리러 갈게.（わかった。迎えに行くね。）

| 2 | 意味を確認しよう！ | ◀)) 23-2 |

「〜（し）よう」と誘うときは**보자**（見よう）のように言います。丁寧に言う場合は**봐요**（見ましょう）を使います。かしこまった場面では**봅시다**と言うこともあります。

ノルロ　ガジャ
○ **놀러 가자!**（遊びに行こう！）

グマン　ヘオジジャ
▶ **그만 헤어지자.**（もう別れよう。）

ガチ　ウンドンヘヨ
✎ **같이 운동해요.**（一緒に運動しましょう。）
➡普段の会話では**운동해요**（運動しましょう）や**운동하자**（運動しよう）と言うことがほとんど。

ッパルリ　ガプシダ
🎤 **빨리 갑시다.**（早く行きましょう。）
➡かしこまったニュアンス。

⊗ 이따 / 퇴근하고 / 볼까?

⊗ 보고 싶은 영화 / 있는데 / 같이 보자.

⊗ 그래. 데리러 갈게.

4 何も見ずに、どれくらい聞き取れるか試してみよう！   ◀) 23-4

✎ ちょっと くわしく   **返事の表現まとめ**   ◀) 23-5

日本語でも何かの質問に答えるときに「はい」「いいえ」だけでなく、「うん」「いや」などいろいろな表現がありますよね。韓国語にも、いろいろなニュアンスの表現があります。

○ **네.** （はい。）
  ➡代わりに**예**と言ったり、2回くり返して**네네**と言うことも多い。

○ **아니요.** （いいえ。）
  ➡縮めて**아뇨**とも言う。

○ **응.** （うん。）
  ➡代わりに同じ意味の**어**と言うこともある。

○ **아니.** （ううん。）

○ **그래.** （わかった。）
  ➡丁寧に言うときは最後に**요**をつけて**그래요**とすればOK！

○ **좋아.** （いいよ。）
  ➡丁寧に言うときは**좋아요**とすればOK！

DAY 24

今日は早く寝ようと思います。

オヌルン　イルッチク　ジャリョゴヨ
오늘은 일찍 자려고요.

1　こんなふうに使われる！　◀)) 24-1

😀 ヨジュム　コンディショニ　アン　ジョアヨ
요즘 컨디션이 안 좋아요.（最近体調がよくありません。）

😀 グェンチャナヨ　　　ムリハジ　　マセヨ
괜찮아요? 무리하지 마세요.
（大丈夫ですか？　無理しないでください。）

😀 オヌルン　イルッチク　ジャリョゴヨ
오늘은 일찍 자려고요.（今日は早く寝ようと思います。）

2　意味を確認しよう！　◀)) 24-2

<u>～려고요</u>は「～（し）ようと思います」という意味で、～**려고 해요**の略です。
最後の**요**を取って～**려고**と言うと、「～（し）ようと思う」というタメ口になりますが、「～（し）ようと思って」という意味にもなります。とにかく「リョゴ」が聞こえてきたら、「何かしようと思うんだね」と考えれば大丈夫です！

🎤 ジグムブト　　　ギムチッチゲルル　　マンドゥルリョゴヨ
지금부터 김치찌개를 만들려고요.
（今からキムチチゲを作ろうと思います。）

○ ダウム　ッタレ　ボンガエ　ガリョゴ
다음 달에 본가에 가려고.（来月実家に行こうと思う。）

○ イサハリョゴ　ジュンビハゴ　イッソ
이사하려고 준비하고 있어.（引っ越ししようと思って準備している。）

68

⊗ **요즘 / 컨디션이 / 안 좋아요.** 〔안 좋아요はつなげて言ってみよう！〕

⊗ **괜찮아요? 무리하지 마세요.**

⊗ **오늘은 / 일찍 / 자려고요.**

ネイティブの中には**요즘**を「ヨズン」と発音する人もいますが、正しい発音は「ヨジュム」です。

무리하지 마세요は心配する感情を込めて言ってみましょう。

4 何も見ずに、どれくらい聞き取れるか試してみよう！ ◀)) 24-4

🖉 ちょっと くわしく **ネイティブは고を구って言うの？** ◀)) 24-5

DAY15で少し触れましたが、ネイティブは会話のときに**고**を**구**と言うことが多いです。少しかわいく聞こえるイメージです。**구**のパターンにも慣れておくと聞き取りに役立つので、読みながら練習してみましょう！

- **이 옷 입어 보려구.**（この服着てみようと思う。）
   イ オッ イボ ボリョグ
   （=**입어 보려고**）

- **갈아입구 불러 줘.**（着替えてから呼んでね。）
   ガライブグ　ブルロ ジュォ
   （=**갈아입고**）

▶ **이거 사구 싶어.**（これ買いたい。）
   イゴ サグ シボ
   （=**사고**）

- **배송도 빠르구요, 싸요.**（配送も早いですし、安いです。）
   ベソンド ッパルグヨ　ッサヨ
   （=**빠르고요**）
   ➡ **구**のあとに**요**をつけて丁寧に言うこともできる。

69

DAY 25 ちょっと痩せなければなりません。

サルル ジョム ッペヤゲッソヨ
살을 좀 빼야겠어요.

---

1 こんなふうに使われる！

🔊 25-1

👤 サルル ジョム ッペヤゲッソヨ
살을 좀 빼야겠어요. （ちょっと痩せなければなりません。）

👤 ウェヨ
왜요? （どうしてですか？）

👤 オシ ジャガジョソ アンドェゲッソヨ
옷이 작아져서 안되겠어요.
（服が小さくなって［このままでは］ダメです。）

---

2 意味を確認しよう！

🔊 25-2

「～（し）なければなりません」を丁寧に言うときは、**자야겠어요**
（寝なければいけません）のように言います。タメ口で言うときは**자야겠어**（寝なきゃ）もしくは**자야겠다**となります。タメ口の表現は独り言のシーンでよく使われます。

○ グレヤゲッソヨ
그래야겠어요. （そうしないといけません。）
➡「そうします」をやんわり言うニュアンス。

○ ジョシメヤゲッタ
조심해야겠다. （気をつけないと。）
➡自分に対しても相手に対しても使える！

 前に習った겠어요と同じ？

 DAY22の겠어요とは別物だよ！

👤 **살을 / 좀 / 빼야겠어요.**

→빼は「もんぺ」の「ぺ」の音と同じ！

👤 **왜요?**

👤 **옷이 / 작아져서 / 안되겠어요.**

좀はそのまま読むと「ジョム」ですが、少し強調したいときは「ッチョン」と力強く発音します。

| 4 | 何も見ずに、どれくらい聞き取れるか試してみよう！ | 🔊 25-4 |

✏ ちょっと
くわしく
야겠다と似た表現、야지も覚えよう！ 🔊 25-5

独り言で、「〜しなきゃ」のほかに「〜しようっと」ともよく言いますよね。「〜しようっと」は〜**야지**と言います。「〜しなきゃ」は〜**야겠다**、「〜しようっと」は〜**야지**と覚えましょう！

○ **빵 사 가야지.**（パン買って帰ろうっと。）
　ッパン サ ガヤジ

○ **샤워해야지.**（シャワーしようっと。）
　シャウォヘヤジ

○ **도와줘야겠다.**（手伝わなきゃ。）
　ドワジョヤゲッタ
　→〜**야겠다**は「〜しなければならない」というニュアンス。

○ **준비해야겠다.**（準備しなきゃ。）
　ジュンビヘヤゲッタ

DAY 26 昔ここに来たことがあります。

イェジョネ ヨギ オン ジョギ イッソヨ
예전에 여기 온 적이 있어요.

---

1 こんなふうに使われる！ ◀) 26-1

😊 イェジョネ ヨギ オン ジョギ イッソヨ
예전에 여기 온 적이 있어요.
（昔ここに来たことがあります。）

😊 オンジェ ワッソヨ
언제 왔어요? （いつ来ましたか？）

😊 オリョッスル ッテ
어렸을 때? （幼いとき？）

2 意味を確認しよう！ ◀) 26-2

「～（し）たことがあります」と経験を表すときは**～적이 있어요**を使います。
反対に「～（し）たことがないです」は**～적이 없어요**と言います。「～が」を
意味する**이**を省いて、それぞれ**～적 있어요**、**～적 없어요**と言うこともよく
あります。

🎤 ガンアジルル ギルン ジョギ イッソヨ
강아지를 기른 적이 있어요. （犬を飼ったことがあります。）

○ ヨジャ チングラン ッサウン ジョギ オプソヨ
여자 친구랑 싸운 적이 없어요.
（彼女とケンカしたことがないです。）

○ フフェハン ジョク イッソヨ
후회한 적 있어요?
（後悔したことがありますか？）

> 있어요は「あります」、
> 없어요は「ないです」
> という意味！

👤 **예전에 / 여기 / 온 적이 / 있어요.**

> 온 적이 있어요는
> つなげて言おう！

👤 **언제 왔어요?**

👤 **어렸을 때?**

➡️ **렸을**のところで音を伸ばしたり、止めたりしないように意識して！

4 何も見ずに、どれくらい聞き取れるか試してみよう！　　◀️)) 26-4

📝 ちょっと
くわしく　　**経験を言うときによく使う表現**　　◀️)) 26-5

「〜（し）てみたことがある」、「昔」、「〜のとき」など、過去の経験を話すときによく使う表現をセットで覚えておきましょう。セットで覚えておくと、聞き取りにとても役立ちます。

○ ヘ ボン ジョギ イッソヨ
해 본 적이 있어요.（やってみたことがあります。）
➡️「〜（し）てみた」は**본**がつくことがポイント。

　　본 적이 있어요は丸ごと覚えよう！

▶️ イェンナレ
옛날에（昔）
➡️**예전에**より大昔のようなニュアンス。

○ ミョンニョン ジョネ
몇 년 전에（何年か前に）

🎵 ヨンスプセン ッテ
연습생 때（練習生のとき）
➡️アイドルが練習生時代のエピソードを話す前に必ず言う言葉！

73

DAY 27

気持ちよさそうです。

ギブン　ジョウル　ゴッ　ガタヨ
기분 좋을 것 같아요.

| 1 | こんなふうに使われる! |

◀) 27-1

👤 オヌル　ナルッシド　ジョウンデ　　ドゥライブナ　ガルッカヨ
오늘 날씨도 좋은데 드라이브나 갈까요?
(今日天気もいいからドライブでもしましょうか?)

👤 グロルッカヨ
그럴까요? (そうしましょうか?)

ギブン　ジョウル　ゴッ　ガタヨ
기분 좋을 것 같아요. (気持ちよさそうです。)

| 2 | 意味を確認しよう! |

◀) 27-2

「〜のようです」「〜(し)そうです」と推測するときは**좋을 것 같아요** (よさそ
うです)のように言います。〜**것 같아요**には漠然とした推測のニュアンス
があり、「〜だと思います」「〜な気がします」などと訳されることも多いです。
「〜のようです」で訳してみて不自然に感じたら、「〜だと思います」で訳し
てみましょう!

○ ウェンジ　ビッサル　ゴッ　ガタヨ
왜지 비쌀 것 같아요. (なんだか高そうです。)

○ バッケ　チュウル　ゴッ　ガタヨ
밖에 추울 것 같아요. (外は寒そうです。)

🎤 ジャル　オウルリル　ゴッ　ガタヨ
잘 어울릴 것 같아요. (よく似合いそうです。)
➡「よく似合うと思います」と訳してもOK!

○ ジョグム　オリョウル　ゴッ　ガタヨ
조금 어려울 것 같아요. (少し難しそうです。)
➡やんわりとお断りするときに使えるフレーズ。

😊 **오늘 / 날씨도 좋은데 / 드라이브나 갈까요?**

😊 **그럴까요?**
   기분 좋을 것 같아요.

갈까요? と **그럴까요?** の 갈や 럴の「ㄹパッチム」で音を伸ばしたり、止めたりしないように注意しましょう。ㄹパッチムの発音は意識しすぎないことがポイントです。それぞれ崩して「カッカヨ」や「グロッカヨ」と発音してもOKです。

✏️ **ちょっと くわしく** **ネイティブの같아요の読み方** ◀)) 27-5

같아요 はそのまま読むと「ガタヨ」ですが、なぜかネイティブは **같애요**（ガテヨ）と言うことも多いです。同じ意味なので、この音にも慣れておきましょう！

👉 무서울 것 같애요. （怖そうです。）
（ムソウル　ゴッ　ガテヨ）

👉 이건 아닌 것 같애요. （これは違うような気がします。）
（イゴン　アニン　ゴッ　ガテヨ）

○ 아플 것 같애요. （痛そうです。）
（アプル　ゴッ　ガテヨ）

○ 가짜인 것 같애. （偽物のようだ。）
（ガッチャイン　ゴッ　ガテ）
 ➡ タメ口は最後の 요 を取って、**같애** と言う。

 縮めて **가짜 같애** と言ってもOK！

DAY
28

すごく待ちましたよね?

マニ　　ギダリョッジョ
많이 기다렸죠?

| **Ⅰ** | こんなふうに使われる！ | 待ち合わせで | 🔊 28-1 |

ヌジョソ　　ミアネヨ
😊 **늦어서 미안해요.** (遅れてすみません。)

マニ　　ギダリョッジョ
많이 기다렸죠? (すごく待ちましたよね?)

アニョ　　グェンチャナヨ
😊 **아뇨. 괜찮아요.** (いいえ。大丈夫です。)

| **2** | 意味を確認しよう！ | | 🔊 28-2 |

「〜ですよね?」「〜でしょう?」と相手に確認するときは**〜죠**を使います。**죠**は**지요**を略したもので、後ろの**요**を取って**〜지**と言うと「〜だよね?」という タメ口になります。例文の**많이 기다렸죠?**は直訳の「すごく待ちましたよね?」で考えるより、「お待たせしました」という意訳で考えるとわかりやすいです。

グィヨプジョ
 귀엽죠? (可愛いですよね?)

ジョ　ミッチョ
🎤 **저 믿죠?** (僕を信じますよね?)

マシッチ
 맛있지? (美味しいでしょ?)

ネイル　スルジャリ　オル　ゴジ
○ **내일 술자리 올 거지?**
(明日、飲み会来るよね?)

> 지요を速く言うと죠になるよ！

> ジョ、ジョ…ジョ！ ほんまやん！

76

(A) **늦어서 미안해요.**
많이 기다렸죠?

➡ 죠は「マッチョ」の「ッチョ」が少し濁る感じ！

(A) **아뇨. 괜찮아요.**

➡ 괜は「グェン」を崩して「ゲン」と発音すると自然！

4 何も見ずに、どれくらい聞き取れるか試してみよう！ ◀)) 28-4

✎ **ちょっと くわしく** いろいろな意味がある죠 ◀)) 28-5

죠は相手に確認する意味以外に、文脈によって解釈が変わったりもします。
DAY22でもお伝えしたように、意味がいくつかある表現は「こんなシーンで使
われるんだな！」とシーンごとに覚えていくことを忘れないでくださいね！

❶「もちろん」の意味のとき

🔊 **물론이죠.** （もちろんです。）
ムルロニジョ

🔊 **당연하죠.** （当然です。）
ダンヨナジョ

○ **좋죠.** （（もちろん）いいですよ。）
ジョチョ
➡「もちろん〜ですよ」というニュアンス。

❷「勧誘」の表現のとき

○ **역 앞에서 만나죠.** （駅前で会いましょう。）
ヨク アペソ マンナジョ
➡かしこまったニュアンスで、日常会話ではあまり使わない。

DAY 29

キンパあるけど、食べる?

ギンバブ　インヌンデ　モグルレ
김밥 있는데, 먹을래?

| I | こんなふうに使われる! | ◀) 29-1 |

ギンバブ　インヌンデ　モグルレ
👤 **김밥 있는데, 먹을래?**（キンパあるけど、食べる?）

ウム　　ナ　ムォンガ　グァイリ　ッテンギョ
👤 **음… 나 뭔가 과일이 땡겨!**
（うーん … 私なんか果物が食べたい!）

ネンジャンゴ　アネ　イッソ
👤 **냉장고 안에 있어.**（冷蔵庫の中にあるよ。）

| 2 | 意味を確認しよう! | ◀) 29-2 |

「〜けど」は**있는데**（あるけど）のように言います。「〜ンデ」や「ヌンデ」が聞こえてきたらまさにこの表現です。ただ、文脈によっては「〜けど」以外の意味で使うこともあります。例えば、**추운데 들어갈까요?**の場合、「〜けど」の意味で「寒いけど入りましょうか?」と訳すよりも、「寒いから入りますか?」のように「〜から」「〜し」で訳すほうが自然です。まずは「〜けど」で訳してみて、不自然な場合は「〜から」「〜し」と考えましょう。

ブンミョン　ヨギエ　ドゥンヌンデヨ
○ **분명 여기에 뒀는데요…**（たしかにここに置いたんですけど …）
　➡데のあとに요をつけて「〜ですけど」と丁寧に言うこともある。

ゴマウンデ　グェンチャナヨ
○ **고마운데 괜찮아요.**（ありがたいけど、大丈夫です。）
　➡やんわりと断るときに使われるフレーズ。

😀 **김밥 있는데, 먹을래?**
➡ 있는데は「イッヌンデ」ではなく「インヌンデ」と発音する！

😀 **음 … 나 뭔가 / 과일이 땡겨！**

😀 **냉장고 안에 있어.**

🖊 **ちょっと くわしく**　　本当に「食べたい」ときに使うのは？　◀)) 29-5

「食べたい」はDAY3で学んだ**먹고 싶어**で表せますが、ネイティブは2文字で済ませることが多いです。それは、左ページの例文にも登場した「**땡겨！**」です。
ダンギョ
正しくは**당겨**ですが、会話では**땡겨**と言うことがほとんどです。直訳すると「引っ張る」という意味で、「そそられる」というニュアンスになります。「今日は〜の気分だな」「〜が無性に食べたいな」というニュアンスでよく使われます。**땡겨**の
　　　　　　　　　　　　　　　　ッテンギンダ　　　　ッテンギネ
代わりに**땡긴다**や**땡기네**と言うことも多いです。

　　ガプジャギ　　ラミョニ　　ッテンギネ
📣 **갑자기 라면이 땡기네.**（急にラーメンが食べたいな。）

　オヌルン　ムォンガ　ゴギガ　ッテンギンダ
⭕ **오늘은 뭔가 고기가 땡긴다.**（今日はなんかお肉の気分だな。）

　ガウル　ドェニッカ　シギョギ　ッテンギョ
⭕ **가을 되니까 식욕이 땡겨.**（秋になったら食欲が出る。）
➡「食欲」を意味する**식욕**は、**땡겨**と一緒に使うと「食欲が出る」という
　意味になる。

아싸!
アッサ
（やった！）

何かいいことがあったり、うれしいことがあったりしたときによく使われる。ガッツポーズをしながら言うこともある。

아! 맞다!
ア マッタ
（あ！ そうだ！）

忘れ物に気づいたり、言いたいことが思い浮かんだりして「あ！ そうだ！」と言うときによく使う表現。

망했다!
マンヘッタ
（しまった！）

失敗したときや、ミスをしてしまったときに使う表現。思い通りにいかず、「ガーン」となるイメージ。

뭐야.
ムォヤ
（なんだよ。）

イライラしたときの「もうなんだよ？」や、思っていたことと違ったり、がっかりしたときの「なんだ〜」という表現。

졸려.
ジョルリョ
（眠い。）

アイドルのVLOGなどで、眠いときによく使う表現。

큰일 났네!
クニル ナンネ
（大変だ！）

큰は「大きい」、**일**は「こと」、**났네**は「〜になった」と言う意味。

미쳤다!
ミチョッタ
（やばい！）

直訳は「狂った」という意味の俗語。同じ意味の**대박**や**미친**もよく使われる。

어쩌라고.
オッチョラゴ
（もう知らんわ。）

直訳は「どうしろと？」という意味で、ケンカをするときなどに使われる表現の1つ。

귀찮아.
グィチャナ
（面倒くさい。）

最後に**요**をつけて**귀찮아요**と言うと「面倒くさいです」という意味になる。

STAGE 4

DAY31	～（し）ないでください　～지 마세요 ‥ 82
DAY32	～（し）ないで　～지 말고 ………… 84
DAY33	～（する）ことにしました　～기로 했어요 ‥ 86
DAY34	～（する）には　～려면 …………… 88
DAY35	～ではなくて　～게 아니라 ………… 90
DAY36	～（する）前に　～기 전에 ………… 92
DAY37	～（した）あとに　～다음에 ………… 94
DAY38	～（し）てから　～고 나서 ………… 96
DAY39	～（し）ながら　～면서 …………… 98
DAY40	リアクションの表現 ……………… 100

DAY 31

ネタバレしないでください！

スポ^{スポハジ}하지 마^{マセヨ}세요！

---

1 こんなふうに使われる！　🔊 31-1

👤 이^イ 드^{ドゥラマ}라마 결^{ギョルマル}말 알^{アルリョ}려 줄^{ジュルッカヨ}까요?
（このドラマの結末を教えましょうか？）

👤 아^{アニョ}뇨! 스^{スポハジ}포하지 마^{マセヨ}세요!
（いいえ！ ネタバレしないでください！）

👤 알^{アルゲッソヨ}겠어요. 기^{ギデヘド}대해도 좋^{ジョアヨ}아요.
（わかりました。期待してもいいです。）

---

2 意味を確認しよう！　🔊 31-2

<u>〜지 마세요</u>は「〜（し）ないでください」という意味で、**하지 마세요**（しないでください）のように言います。**마세요**の代わりにもう少しフランクなニュアンスの**마요**と言うこともあります。タメ口は、**세요**を取って**하지 마**（やめて）のように言います。

○ **만^{マンジジ}지지 마^{マセヨ}세요.**（触らないでください。）

▶ **하^{ハジ}지 마^{マヨ}요.**（やめてください。）

▶ **울^{ウルジ}지 마^マ.**（泣かないで。）

▶ **말^{マラジ}하지 마^マ.**（言わないで。）
　➡「ここだけの話にしてください」と言いたいときに使う。

> 지 마が聞こえたら
> 「やめて」って
> いうことなんだね！

82

👤 **이 드라마 결말 / 알려 줄까요 ?**

→ 드라마의 드は口の形を横に平たくして言ってみよう。

👤 **아뇨 ! 스포하지 마세요 !** 아뇨 (↗)と語尾のトーンを上げよう！

👤 **알겠어요 . 기대해도 좋아요 .**

ちょっとくわしく **韓国でもネタバレはマナー違反！** 🔊 31-5

「ネタバレ」は、英語のスポイラー（spoiler）を略して**스포**と言います。アイドルのライブ配信で、ファンが新曲について「ネタバレしてください」と言ったり、アイドルが「ネタバレしようか？」と言ったりする場面がよく見かけられます。
また、映画やドラマの紹介動画のコメント欄にもよく**스포**の単語が出てくるので、ぜひ探してみてください！

○ **스포해 주세요 .** （ネタバレしてください。）
　　スポヘ　ジュセヨ

🎤 **스포해 줄까요?** （ネタバレしてあげましょうか？）
　　スポヘ　ジュルッカヨ
→アイドルがファンに新曲のコンセプトをネタバレしてもいいか聞くときに言うフレーズ。

○ **스포 금지!** （ネタバレ禁止！）
　　スポ　グムジ

○ **스포하지 마!** （ネタバレしないで！）
　　スポハジ　マ

DAY 32

今日は無理せずに
ゆっくり休んでください。

オヌルン　　ムリハジ　　マルゴ　　プク　スィセヨ
오늘은 무리하지 말고 푹 쉬세요.

| 1 | こんなふうに使われる！ | 🔊 32-1 |

👤 モム　グェンチャナヨ
몸 괜찮아요?（体調は大丈夫ですか？）

👤 マニ　ジョアジョッソヨ
많이 좋아졌어요.（だいぶよくなりました。）

👤 オヌルン　　ムリハジ　　マルゴ　プク　スィセヨ
오늘은 무리하지 말고 푹 쉬세요.
（今日は無理せずにゆっくり休んでください。）

| 2 | 意味を確認しよう！ | 🔊 32-2 |

「〜（し）ないで」「〜せずに」は**무리하지 말고**（無理せずに）のように言います。DAY31で学んだ〜**지 마**と関連づけて考えると覚えやすいでしょう。〜**지 말고**のあとは〜**세요**（〜（し）てください）や〜**자**（〜（し）よう）など勧誘や命令する内容がよく続きます。

⭕ ジュジョハジ　　マルゴ　ドジョナセヨ
주저하지 말고 도전하세요.
（躊躇せずに挑戦してください。）

⭕ ギンジャンハジ　　マルゴ　　ダンダンハゲ
긴장하지 말고 당당하게!
（緊張せずに堂々と！）

▶ ゴジンマル　ハジ　マルゴ　　ソルッチカゲ　マレ　ボァ
거짓말 하지 말고 솔직하게 말해 봐.
（嘘つかずに正直に言ってみて。）

🧑 **몸 괜찮아요?**

🧑 **많이 좋아졌어요.**

> 말고（♪）とトーンを少し上げよう！

🧑 **오늘은 / 무리하지 말고 / 푹 쉬세요.**

➡ **쉬세요**の**쉬**は崩して「シ」と発音するとより自然だよ！

몸の**ㅁ**パッチムは「ム」とはっきり発音せずに、「モ」と言いながら口を閉じるイメージです。

말고は、**말구**と言うこともあります。

✏ **ちょっと
くわしく**　**말고だけだと「〜ではなくて」**　🔊 32-5

〜지 말고の**말고**を単独で使うと、「〜ではなくて」「〜じゃなくて」という意味になります。「AではなくてB」のように、どちらかを選択するシーンでよく使われます。

○ **이거 말고 다른 색 있어요?**
（これではなくてほかの色ありますか？）

○ **짜장면 말고 짬뽕 먹고 싶어요.**
（ジャージャー麺ではなくてちゃんぽんが食べたいです。）

○ **소주 말고 맥주 마시자!**
（焼酎じゃなくてビール飲もう！）

○ **화요일 말고 금요일은 어때요?**
（火曜日ではなくて金曜日はどうですか？）

DAY 33

実家に帰ることにしました。

ボンガエ　ガギロ　　ヘッソヨ
본가에 가기로 했어요.

1　こんなふうに使われる！
🔊 33-1

👤 ヒュガ ッテ ムォ ハル ッコエヨ
휴가 때 뭐 할 거예요?
（お休みのときに何をするつもりですか？）

👤 ボンガエ ガギロ ヘッソヨ
본가에 가기로 했어요.（実家に帰ることにしました。）

👤 ジョン チングラン ヨヘン ガギロ ヘッソヨ
전 친구랑 여행 가기로 했어요.
（私は友達と旅行に行くことにしました。）

2　意味を確認しよう！
🔊 33-2

「〜（する）ことにしました」とやろうと決めたことを言うときは**가기로 했어요**
（行くことにしました）のように言います。最後の요を取って**가기로 했어**と
言うと、「〜（する）ことにした」というタメ口になります。

🎤 イルボノルル ベウギロ ヘッソヨ
일본어를 배우기로 했어요.（日本語を習うことにしました。）

▶️ イル グマンドゥギロ ヘッソヨ
일 그만두기로 했어요?（仕事をやめることにしましたか？）

🎤 オヌルブト イルッチク イロナギロ ヘッソ
오늘부터 일찍 일어나기로 했어.
（今日から早く起きることにした。）

▶️ イジェ ダ イッキロ ヘッソ
이제 다 잊기로 했어.（もう全部忘れることにしたの。）

😊 휴가 때 / 뭐 할 거예요?

➡ 뭐は少し崩して「モ」と発音するとネイティブっぽいよ！

😊 본가에 / 가기로 했어요.

あまり抑揚をつけずに言ってみよう！

😊 전 / 친구랑 / 여행 가기로 했어요.

4 何も見ずに、どれくらい聞き取れるか試してみよう！　　🔊 33-4

ちょっと
くわしく　　**〜기로 했는데にも慣れておこう！**　　🔊 33-5
　　　　　　　　　　ギロ　ヘンヌンデ

何かをやろうと決めても、予定通りにいかないことはよくありますよね。そんな
ときは「〜することにしたけど、ダメだった」のように言うと思いますが、「〜する
ことにしたけど」は〜기로 했는데と言います。よく使われる表現なので、丸ご
と覚えておきましょう！

　ヨンスパギロ　　ヘンヌンデ　　モテッソヨ
○ **연습하기로 했는데 못 했어요.**
　（練習することにしましたが、できませんでした。）

　オヌル　マンナギロ　　　ヘンヌンデ　ガプジャギ　チュィソドェッソ
▶ **오늘 만나기로 했는데 갑자기 취소됐어.**
　（今日会うことにしましたが、ドタキャンされた。）

　イルッチク　ジャギロ　　ヘンヌンデ　ジャミ　アヌァヨ
○ **일찍 자기로 했는데 잠이 안 와요.**
　（早く寝ることにしましたが、眠れません。）

～려면[リョミョン] ～（する）には、～（し）ようとするなら

DAY 34

お肌がよくなるには
どうすればいいですか？

<ruby>피부<rt>ピブ</rt></ruby> <ruby>좋아지려면<rt>ジョアジリョミョン</rt></ruby> <ruby>어떻게<rt>オットケ</rt></ruby> <ruby>해야<rt>ヘヤ</rt></ruby> <ruby>해요<rt>ヘヨ</rt></ruby>?

---

1 こんなふうに使われる！　　　　🔊 34-1

👤 <ruby>피부<rt>ビブ</rt></ruby> <ruby>좋아지려면<rt>ジョアジリョミョン</rt></ruby> <ruby>어떻게<rt>オットケ</rt></ruby> <ruby>해야<rt>ヘヤ</rt></ruby> <ruby>해요<rt>ヘヨ</rt></ruby>?
（お肌がよくなるにはどうすればいいですか？）

👤 <ruby>일단<rt>イルッタン</rt></ruby> <ruby>물을<rt>ムルル</rt></ruby> <ruby>많이<rt>マニ</rt></ruby> <ruby>마시세요<rt>マシセヨ</rt></ruby>.
（とりあえずお水をたくさん飲んでください。）

👤 <ruby>얼마나<rt>オルマナ</rt></ruby> <ruby>마셔요<rt>マショヨ</rt></ruby>?（どのぐらい飲みますか？）

2 意味を確認しよう！　　　　🔊 34-2

「～（する）には」「～（し）ようとするなら」は**좋아지려면**（よくなるには）のように言います。何かを相談するときや、尋ねるときによく使われ、後ろには**해야 돼요?**（～しなければなりませんか？）、**하면 돼요?**（～すればいいですか？）、**하세요**（～してください）などの表現が続くことが多いです。

○ <ruby>맛있게<rt>マシッケ</rt></ruby> <ruby>먹으려면<rt>モグリョミョン</rt></ruby> <ruby>어떻게<rt>オットケ</rt></ruby> <ruby>먹어야<rt>モゴヤ</rt></ruby> <ruby>돼요<rt>ドェヨ</rt></ruby>?
（美味しく食べるにはどう食べればいいですか？）

○ <ruby>홍대에<rt>ホンデエ</rt></ruby> <ruby>가려면<rt>ガリョミョン</rt></ruby> <ruby>여기로<rt>ヨギロ</rt></ruby> <ruby>가면<rt>ガミョン</rt></ruby> <ruby>돼요<rt>ドェヨ</rt></ruby>?
（ホンデに行くにはこちらに行けばいいですか？）

○ <ruby>실패하지<rt>シルペハジ</rt></ruby> <ruby>않으려면<rt>アヌリョミョン</rt></ruby> <ruby>이건<rt>イゴン</rt></ruby> <ruby>꼭<rt>ッコク</rt></ruby> <ruby>기억하세요<rt>ギオカセヨ</rt></ruby>.
（失敗しないためにはこれは絶対覚えてください。）

(A) **피부 / 좋아지려면 / 어떻게 해야 해요?**

(A) **일단 / 물을 / 많이 마시세요.** 일단 (↗) と少しトーンを上げてみよう！

(A) **얼마나 마셔요?**

肌がきれいになる方法が知りたいので、**어떻게**（どうやって）と**얼마나**（どのぐらい）にアクセントを置いて読んでみましょう。

| 4 | 何も見ずに、どれくらい聞き取れるか試してみよう！ | ◀) 34-4 |

✎ ちょっと
くわしく　**謙虚な言い方の～려면 아직 멀었어요**　◀) 34-5
　　　　　　　　　　　　リョミョン　アジク　モロッソヨ

人に褒められたときに、どう返事をするべきか悩んでしまうことはありませんか？
そんなときは、「～（する）にはまだまだです」という意味の**～려면 아직 멀었어**
요を使うと、謙虚な印象を与えることができます。直訳すると**아직**は「まだ」、
멀었어요は「遠かったです」ですが、これで「～するにはまだまだです」という意
味になります。このまま丸ごと覚えてしまいましょう！

○ **잘하려면 아직 멀었어요.**
　ジャラリョミョン　アジク　モロッソヨ
　（うまくなるにはまだまだです。）

○ **프로가 되려면 아직 멀었어요.**
　プロガ　ドェリョミョン　アジク　モロッソヨ
　（プロになるにはまだまだです。）

○ **결혼하려면 아직 멀었어요.** （結婚するにはまだまだです。）
　ギョロナリョミョン　アジク　モロッソヨ
　➡謙遜するニュアンスではなく、「まだまだ時間がかかる」という意味でも使われる。

DAY 35

買ったのではなく私が作りました。

サン ゲ アニラ ジェガ マンドゥロッソヨ
산 게 아니라 제가 만들었어요.

---

1 こんなふうに使われる！　　　　　　　🔊 35-1

👤 プチムゲ サッソヨ
부침개 샀어요?（チヂミ買いましたか？）

👤 サン ゲ アニラ ジェガ マンドゥロッソヨ
산 게 아니라 제가 만들었어요.
（買ったのではなく私が作りました。）

👤 ウワ ジンッチャ マシッケッタ
우와! 진짜 맛있겠다!（え～！ めっちゃ美味しそう！）

2 意味を確認しよう！　　　　　　　🔊 35-2

「～ではなく」は**산 게 아니라**（買ったのではなく）のように言います。**아니라**の代わりに**아니고**と言うこともあります。相手の言葉を訂正するときなどによく使われます。
ちなみに、チヂミは釜山という地方の方言からきた言葉と言われており、実はあまり使わない言葉です。一般的には**부침개**または**전**と言います。

▶ アニ グロンゲ アニラ ネ マル ジョム ドゥロボァ
아니 그런게 아니라… 내 말 좀 들어봐!
（いや、そういうことじゃなくて … 私の話を聞いて！）
➡ **그런게 아니라**の代わりに**그게 아니라**を使ってもOK！

▶ ガマニ イッスル ッケ アニラ ムォラド ヘヤゲッソヨ
가만히 있을 게 아니라 뭐라도 해야겠어요.
（じっとしてるんじゃなくて 何でもしないといけません。）

あとについて言っておぼえよう！　　🔊 35-3

👤 **부침개 샀어요?**

> 아니라(↗)と少しトーンを上げよう！

👤 **산 게 아니라 / 제가 만들었어요.**

👤 **우와! 진짜 맛있겠다!**

➡ **우와!** は驚く感情を込めて言ってみよう！

4 何も見ずに、どれくらい聞き取れるか試してみよう！　　🔊 35-4

✎ ちょっと
くわしく　　**相手に指摘するときに使うフレーズ**　　🔊 35-5

何かを指摘するときに、枕言葉として **죄송합니다만**（すみませんが）などと一言添えると、相手の気分を害することなく上手に意見を伝えることができます。

○ **죄송합니다만 그건 아닌 것 같아요.**（すみませんが、それは違う気がします。）

○ **죄송하지만 제 물건이 아니에요.**（すみませんが、私のものではありません。）
➡ 代わりに **죄송하지만** とも言う。

〜아니라 のほかにも、次のような「〜ではないけど」「〜ではないんですよ」などの表現にも慣れておきましょう。

🔰 **이게 아닌데…**（これではないけど…）

○ **저 아니거든요!**（私ではないんですよ！）

○ **아닐걸?**（違うかもよ？）

DAY 36

冷める前に
早く召し上がってください。

식기 전에 얼른 드세요.
（シッキ ジョネ オルルン ドゥセヨ）

| 1 | こんなふうに使われる！ | ◀) 36-1 |

배고프죠?（お腹空きましたよね?）
（ベゴプジョ）

네. 오늘 아무것도 못 먹었어요.
（ネ オヌル アムゴット モン モゴッソヨ）
（はい。今日何も食べてないです。）

식기 전에 얼른 드세요.
（シッキ ジョネ オルルン ドゥセヨ）
（冷める前に早く召し上がってください。）

| 2 | 意味を確認しよう！ | ◀) 36-2 |

「～（する）前に」は**식기 전에**（冷める前に）のように言います。**전에**の**전**は、漢字だと「前」です。日本語の音読みの「ゼン」と音が似ているので、連想すると覚えやすいですよね。「ジョネ」が聞こえたら、「前」のことだと考えていきましょう！

○ **비 오기 전에 빨리 가자.**（雨が降る前に早く帰ろう。）
（ビ オギ ジョネ ッパルリ ガジャ）

🎤 **밥 먹기 전에 메이크업을 지우려고요.**
（バプ モッキ ジョネ メイクオブル ジウリョゴヨ）
（ご飯を食べる前にメイクを落とそうと思います。）

○ **유학 하기 전에 연락 줘.**（留学する前に連絡してね。）
（ユハク ハギ ジョネ ヨルラク ジュォ）

👤 **배고프죠?** 語尾は上げすぎないように！

👤 **네. 오늘 / 아무것도 / 못 먹었어요.**

👤 **식기 전에 얼른 드세요.**

배고프죠? は疑問形ですが語尾を上げすぎないほうが自然です。「お腹空きましたよね〜」というニュアンスをイメージしましょう。
아무것도（何も）にアクセントを置くことを意識しましょう。

4 何も見ずに、どれくらい聞き取れるか試してみよう！　　🔊 36-4

✏️ **ちょっと
くわしく** 食事のときによく使う表現まとめ　　🔊 36-5

食事をするシーンで使われる表現はだいたい決まっています。食事をするときにつぶやいて覚えてみてください。実際に声に出して言ってみると頭に残りやすくなりますよ！

🎙️ ペゴプダ
배고프다.（お腹空いた。）
→代わりに **배고파**（ペゴパ）でもOK!

○ マシッケ　ドゥセヨ
맛있게 드세요.（美味しく召し上がってください。）

🎙️ マシッタ
맛있다.（美味しい。）
→代わりに **맛있어**（マシッソ）でもOK!

🎙️ ジャル　モッケッスムニダ
잘 먹겠습니다.（いただきます。）

🎙️ ジャル　モゴッスムニダ
잘 먹었습니다.（ごちそうさまでした。）

93

DAY 37

全部読んだあとに
貸してあげましょうか?

ダ　イルグン　　ダウメ　　ビルリョ　　ジュルッカヨ
다 읽은 다음에 빌려 줄까요?

| 1 | こんなふうに使われる! |

🔊 37-1

イ　チェク　　ジェミッソヨ
이 책 재밌어요? (この本、面白いですか?)

ネ　　ダ　イルグン　　ダウメ　　ビルリョ　　ジュルッカヨ
네. 다 읽은 다음에 빌려 줄까요?
(はい。全部読んだあとに貸してあげましょうか?)

ジンッチャヨ　　ジョアヨ
진짜요? 좋아요! (本当ですか? 嬉しいです!)

| 2 | 意味を確認しよう! |

🔊 37-2

「~(した)あとに」は**읽은 다음에**(読んだあとに)のように言います。**다음**が
「次」で**에**が「に」という意味です。日本語と同じ語順で覚えやすいですよね。

ダングヌル　　ノウン　　ダウメ　　ヤンパルル　　ノオ　　ジュセヨ
○ 당근을 넣은 다음에 양파를 넣어 주세요.
(にんじんを入れたあと、玉ねぎを入れてください。)

ジョロバン　　ダウメ　　バロ　　チュイジカル　　ッコエヨ
○ 졸업한 다음에 바로 취직할 거예요.
(卒業したあと、すぐ就職するつもりです。)

「今度」も다음에って言うよね!

そう! 다음はnextと考えればOK!

😀 **이 책 / 재밌어요 ?**

➡ **이 책**をつなげて言うと自然だよ！

😀 **네 . 다 / 읽은 다음에 / 빌려 줄까요 ?**

😀 **진짜요 ? 좋아요 !**

4　何も見ずに、どれくらい聞き取れるか試してみよう！　◀)) 37-4

✎ ちょっと
くわしく　**「～（した）あとに」のほかの表現**　◀)) 37-5

～다음에の代わりに～後에、～뒤에を使うことも多いです。에を省略して～다음、～後、～뒤と言うこともあります。ちなみに후は「あと」、뒤は「後ろ」という意味です。

🎤 **데뷔 후에 살이 쪘어요.**
デビュ　フエ　サリ　ッチョッソヨ
（デビューしてから太りました。）

○ **한 시간 뒤에 올게요.**
ハン　シガン　ドィエ　オルッケヨ
（1時間後に来ますね。）

○ **그 다음 어떻게 됐어요?**
グ　ダウム　オットケ　ドェッソヨ
（その次はどうなりましたか？）
➡話の続きを聞くときによく使う。

▶ **1년 후**（1年後）
イルリョン　フ
➡ドラマや映画でよく出てくる！

いろんな表現が
あるんだね！

DAY 38

今日はお風呂に入ってから
すぐ寝ようと思います。

オヌルン　ッシッコ　ナソ　バロ　ジャリョゴヨ
오늘은 씻고 나서 바로 자려고요.

I こんなふうに使われる！　◀)) 38-1

😊 ハンサン　ミョッ　シエ　ジャヨ
항상 몇 시에 자요?（いつも何時に寝ますか？）

😊 ウォルレヌン　ヌッケ　ジャヌンデ
원래는 늦게 자는데（普段は遅く寝ますが）

オヌルン　ッシッコ　ナソ　バロ　ジャリョゴヨ
오늘은 씻고 나서 바로 자려고요.
（今日はお風呂に入ってからすぐ寝ようと思います。）

---

2 意味を確認しよう！　◀)) 38-2

「〜（し）てから」は**씻고 나서**（お風呂に入ってから）のように言います。I日の日課を言うときなどによく使われます。DAY37で学んだ〜**다음에、후에、뒤에**の代わりに使われることも多いです。

🎤 ヨンスパゴ　ナソ　ノグメッソヨ
연습하고 나서 녹음했어요.（練習してから録音しました。）

○ グ　イェギ　ドゥッコ　ナソ　ウソッソヨ
그 얘기 듣고 나서 웃었어요.（その話を聞いてから笑いました。）

○ ボトゥヌル　ヌルゴ　ナソ　ギダリセヨ
버튼을 누르고 나서 기다리세요.（ボタンを押してから待ってください。）

○ バブ　モッコ　グロゴ　ナソ　スィゴ　イッソッソヨ
밥 먹고 그러고 나서 쉬고 있었어요.
（ご飯食べて、それから休んでいました。）

➡ **그러고 나서**は直訳すると「そうしてから」で、「それから」という意味でよく使われる。
代わりに**그리고 나서**もよく使うので丸ごと覚えよう！

3 あとについて言っておぼえよう！ 🔊 38-3

👤 항상 / 몇 시에 / 자요 ?

👤 원래는 / 늦게 자는데 〈 자는데（↗）と少しトーンを上げよう！

오늘은 / 씻고 나서 / 바로 자려고요 .

「何時」に寝るのかを聞きたいので、**몇**（何）にアクセントを置いてみましょう。

4 何も見ずに、どれくらい聞き取れるか試してみよう！ 🔊 38-4

✏ ちょっと
くわしく   **あなたは朝型の人？ 夜型の人？** 🔊 38-5

韓国でも「朝型の人」「夜型の人」という表現があり、それぞれ**아침형 인간**、
저녁형 인간と言います。ここでの**아침**は「朝」、**저녁**は「夕方」、**형**は「型」、**인간**は「人間」という意味です。**저녁형 인간**の代わりに**야행성**（夜行性）、**올빼미**（フクロウ）という表現もよく使われます。また、数年前から「朝活」も定番の表現で、英語をもとに**미라클 모닝**（ミラクルモーニング）と言います。

✍ 전 야행성이에요. (私は夜行性です。)

◎ 아침형 인간이시네요. (朝型の人ですね。)

◎ 요즘 미라클 모닝 하고 있어요. (最近朝活をしています。)

DAY
39

昨日仕事しながら夜更かしした。

オジェ　　イルハミョンソ　　バムセウォッソ
어제 일하면서 밤새웠어.

1　こんなふうに使われる！　◀)) 39-1

🧑　ティエムアイインデ
TMI인데 …（どうでもいい話だけど…）

🧑　ムォンデ
뭔데?（何?）

🧑　オジェ　　イルハミョンソ　　バムセウォッソ
어제 일하면서 밤새웠어.
（昨日仕事しながら夜更かしした。）

2　意味を確認しよう！　◀)) 39-2

2つ以上の動作を同時にするときに使う「〜(し)ながら」は**일하면서**（仕事しながら）のように言います。「ミョンソ」と聞こえてきたら、このあとにも何か動作に関する話が続くのかな、と予想しながら聞いてみましょう！
ちなみに、「何?」は**뭐?**とも言いますが、聞き返すときの「何?」には**뭔데?**のほうが自然です。

　チングルル　　ギダリミョンソ　　ショピンウル　　ヘッソヨ
○ **친구를 기다리면서 쇼핑을 했어요.**
（友達を待ちながら買い物をしました。）

　ヨンファ　ボミョンソ　　ヒルリンハゴ　　シポヨ
🎤 **영화 보면서 힐링하고 싶어요.**（映画を見ながら癒やされたいです。）

　モッパンウル　　ハミョンソ　　イヤギ　　ハルッカヨ
🎤 **먹방을 하면서 이야기 할까요?**（モッパンをしながら話しましょうか?）

🧑 **TMI인데 …**
→ **TMI인데**はつなげて「ティエマインデ」と言おう！

🧑 **뭔데?**

🧑 **어제 / 일하면서 / 밤새웠어.**
→ **일하면서**はつなげて「イラミョンソ」と言うと自然だよ！

✏ ちょっと くわしく **アイドルもよく使うTMIって何？** ◀» 39-5

TMIはToo Much Informationの略で、英語の表現ですが、韓国でもとてもよく使われています。直訳すると「多すぎる情報」という意味で、「どうでもいい話」や、文脈によっては「知りたくない情報」とも訳されます。ライブ配信で「今日のTMIは？」などとファンが質問したりして、よく耳にする表現です。

○ **오늘의 TMI는 뭐예요?** （今日のTMIは何ですか？）
   オヌレ　ティエムアイヌン　ムォエヨ

○ **TMI 말해 줘.** （TMIを言ってちょうだい。）
   ティエムアイ　マレ　ジュォ
   →ライブ配信中にファンがよく言う。

○ **너무 TMI인가?** （TMIすぎたかな？）
   ノム　ティエムアイインガ
   →「余計なこと言いすぎたかな？」と独り言で使う。

○ **너무 TMI 아니야?** （TMIすぎない？）
   ノム　ティエムアイ　アニヤ
   →相手に「いらない情報なんだけど！」とツッコむときなどに使う。

헐?
ホル
(え?)

「えっ!」と驚いたときや、大変なことに気づいたとき、衝撃を受けたときなど、いろいろなシーンで使われる。同じ意味で**엥?**や**잉?**もよく使う。

우와!
ウワ
(わぁ!)

サプライズされたり、プレゼントをもらったりしたときによく使われる。英語のwow!に近いニュアンス。

아이고!
アイゴ
(あら!)

驚いたとき、残念なとき、あきれたとき、痛いときなど、いろいろなシーンでよく使われる万能な表現。女性の場合、驚いたときに**어머**と言うことも多い。

웃겨요.
ウッキョヨ
(ウケます。)

面白い話を聞いたときなどによく使われる表現。
タメ口 **웃겨.**／**웃긴다.**(ウケる。)
ウッキョ　ウッキンダ

그게 말이 돼요?
グゲ　マリ　ドェヨ
(それはありえないです。)

直訳すると「これは言葉になりますか?」。同じ意味の**말도 안 돼요**を使うことも多い。
マルド　アン　ドェヨ
タメ口 **그게 말이 돼?**(それはありえないよ。)
グゲ　マリ　ドェ

너무해요.
ノムヘヨ
(ひどいです。)

「～すぎる」という意味の**너무**に**해요**(します)をつけた表現。
ノム　ヘヨ
「ひどい話ですね」と言うときなどに使われる。
タメ口 **너무해.**(ひどい。)
ノムヘ

그럴 리 없어요.
グロル　リ　オプソヨ
(そんなはずがないです。)

「ありえない」と言うときによく使われる表現。
タメ口 **그럴 리 없어.**(そんなはずがない。)
グロル　リ　オプソ

좋겠네요.
ジョケンネヨ
(いいですね。)

「いいな～、うらやましいな～」というニュアンスで使われる表現。自慢話などに対してよく使われる。
タメ口 **좋겠네.**／**좋겠다.**(いいね。)
ジョケンネ　ジョケッタ

거봐요.
ゴバァヨ
(だから言ったじゃないですか。)

그것 봐(それを見て)の略で、「ほらね」のようなニュアンス。
グゴッ　ボァ
自分の思った通りになったときに相手を責める感じで使われる。
タメ口 **거봐.**(ほらね。)
ゴバァ

STAGE 5

DAY41	～(する) ほうがよさそうです　～는 게 좋겠어요 · 102
DAY42	～ではないですか?　～아니에요? ………… 104
DAY43	～(し) ています　～고 있어요 …………… 106
DAY44	～のとき　～때 …………………………… 108
DAY45	～のように　～같이 ……………………… 110
DAY46	～だが　～지만 …………………………… 112
DAY47	～でしょうか?　～나요? ………………… 114
DAY48	～(して) しまいました　～버렸어요 ………… 116
DAY49	～(し) ますか?　～래요? ………………… 118
DAY50	感情を表す表現 ………………………… 120

DAY 41 考える時間を持つほうが よさそうです。

センガカル シガヌル ガンヌン ゲ ジョケッソヨ

생각할 시간을 갖는 게 좋겠어요.

| 1 | こんなふうに使われる！ | 🔊 41-1 |

ウリ ソロ センガカル シガヌル ガンヌン ゲ ジョケッソヨ

😀 **우리 서로 생각할 시간을 갖는 게 좋겠어요.**
（私たちお互いに考える時間を持つほうがよさそうです。）

ウェ グレヨ
😀 **왜 그래요?**（どうしましたか？）

ムスン イル イッソヨ
무슨 일 있어요?（何かありましたか？）

| 2 | 意味を確認しよう！ | 🔊 41-2 |

「〜（する）ほうがよさそうです」は**갖는 게 좋겠어요**（持つほうがよさそうで
す）のように言います。自分の意見をやんわりと伝えられるので、相談や
提案をする場面でよく使われます。この例文は、カップルが相手と距離を
置きたいことを伝えるときによく使う表現です。最後の**요**を取って**갖는 게
좋겠어**（持つほうがよさそう）と言うとタメ口になります。

シガヌル バックヌン ゲ ジョケッソヨ
○ **시간을 바꾸는 게 좋겠어요.**
（時間を変えるのがよさそうです。）

ダルン メニュルル シキヌン ゲ ジョケッソ
○ **다른 메뉴를 시키는 게 좋겠어.**
（ほかのメニューを頼むほうがよさそう。）

イジェ グマンハヌン ゲ ジョケッタ
○ **이제 그만하는 게 좋겠다.**（もうやめたほうがいいかも。）
➡ **좋겠어**の代わりに**좋겠다**を使うことも多い。

👤 **우리 / 서로 / 생각할 시간을 / 갖는 게 / 좋겠어요.**

👤 **왜 그래요?**
무슨 일 / 있어요?

この会話での大事なポイントは**생각할 시간**（考える時間）なので、ここにアクセントを置いて言ってみましょう。

무슨は、ネイティブの発音を聞くと「ブスン」に聞こえることもあります。その理由は、ネイティブは語頭で息を吐きながら言うクセがあるからです（→DAY2）。

4 何も見ずに、どれくらい聞き取れるか試してみよう！　　◀) 41-4

🖋 **ちょっと
くわしく** **カップルが別れるときに使う表現**　　◀) 41-5

恋愛ドラマには、別れのシーンがよくありますよね。別れ話など、言いづらいことを伝えるときには、遠回しな言い方をすることも多いです。よく使われる表現をまとめて整理しておきましょう。

▶ **그만 만나자.**（もう会うのをやめよう。）
　グマン　マンナジャ
　➡**그만**は「～することやめる」という意味。

▶ **친구로 지내자.**（友達として過ごそう。）
　チングロ　ジネジャ

▶ **우린 안 맞는 거 같아.**（私たちは合わない気がする。）
　ウリン　アン　マンヌン　ゴ　ガタ

▶ **더이상 미래가 보이지 않아.**（もう未来が見えないよ。）
　ドイサン　ミレガ　ボイジ　アナ

DAY 42

センスありすぎじゃないですか?

ノム　センス　インヌン　ゴ　アニエヨ
너무 센스 있는 거 아니에요?

1　こんなふうに使われる！　◀) 42-1

😀 **ッチャン! ソプライズ!**
짠! 서프라이즈!（じゃーん！サプライズ！）

グリゴ　イゴン　ソンムリエヨ
그리고 이건 선물이에요.（そしてこれはプレゼントです。）

😀 **デバク**
대박!（やばい！）

ノム　センス　インヌン　ゴ　アニエヨ
너무 센스 있는 거 아니에요?
（センスありすぎじゃないですか？）

2　意味を確認しよう！　◀) 42-2

「〜ではないですか？」は**센스 있는 거 아니에요?**（センスありすぎじゃない
ですか？）のように言います。語尾を下げて〜**아니에요**（↘）と言うと「〜で
はありません」という意味にもなります。また、**아니에요.**だけで使うと「い
いえ、違います。」という意味になります。

⭕ オヌル　トヨイル　アニエヨ
오늘 토요일 아니에요?（今日土曜日ではないですか？）

🎤 ミチン　ゴ　アニヤ
미친 거 아니야?（やばくない？）
➡ タメロは**아니에요?**の代わりに**아니야?**を使う。
直訳は「狂ってるんじゃない？」で、「ありえない、信じられない」の意味で使うこ
とが多い。

🧑 **짠! 서프라이즈!**

그리고 / 이건 / 선물이에요.

> 이건 (↗) とほんの少しトーンを上げよう！

🧑 **대박!**

너무 센스 있는 거 아니에요?

この会話でもっとも強調したい**선물**（プレゼント）にアクセントを置いて言って
みましょう。

📝 **ちょっと
くわしく**　　**〜아니에요の早口バージョン**　　🔊 42-5

ネイティブ同士の会話では、**아니에요**や**아니야**は縮めて使うことが多いです。
どのように縮めて使うのか、あらかじめチェックしておきましょう！

❶〜아니에요？　〜ではないですか？

○ **그런 거 아녜요?**（そういうことではないですか?）
　グロン　ゴ　アニェョ
　➡**아니에요**の**니에**を縮めて**녜**と言う。
　　　　　　　　ニエ　　　ニェ

❷〜아니야？　〜じゃない？

○ **네 거 아냐?**（君のものじゃないの?）
　ニ　ッコ　アニャ
　➡**아니야**の**니야**を縮めて**냐**と言う。**아니야**を**아냐**と書くこともある。
　　　　　　　　ニヤ　　　ニャ

DAY 43

待っています。

기다리고 있어요.
_{ギダリゴ} _{イッソヨ}

1　こんなふうに使われる！

（◀)) 43-1

🧑 지금 밥 시키고 기다리고 있어요.
_{ジグム} _{パプ} _{シキゴ} _{ギダリゴ} _{イッソヨ}
（今ご飯を頼んで待っています。）

🧑 뭐 시켰어요?（何を頼みましたか?）
_{ムォ} _{シキョッソヨ}

🧑 삼겹살 시켰어요.（サムギョプサルを頼みました。）
_{サムギョプサル} _{シキョッソヨ}

2　意味を確認しよう！

（◀)) 43-2

「～(し)ています」は**기다리고 있어요**（待っています）のように言います。
～고が「(し)て」、**있어요** が「います」という意味なので、そのままつなげて
「～しています」と考えると覚えやすいでしょう。タメ口は最後の**요**を取って
기다리고 있어（待っている）のように言います。また、**있어요**の代わりに
있습니다と言うと、かしこまったニュアンスになります。
_{イッスムニダ}

🎤 열심히 컴백 준비하고 있어요.
_{ヨルシミ} _{コムベク} _{ジュンビハゴ} _{イッソヨ}
（一生懸命カムバックの準備をしています。）

🎤 요즘 피부관리 하고 있습니다.（最近肌管理しています。）
_{ヨジュム} _{ピブグァルリ} _{ハゴ} _{イッスムニダ}

🎤 지금 찍고 있어?（今撮ってる?）
_{ジグム} _{ッチッコ} _{イッソ}

👤 지금 / 밥 시키고 / 기다리고 있어요.

👤 뭐 시켰어요?
> ひと息でつなげて言うと自然だよ！

👤 삼겹살 / 시켰어요.

삼겹살は日本語の「サムギョプサル」のように「ム、プ、ル」をはっきり言わないことがポイントです。**삼**の ㅁ パッチムはサを言いながら口を閉じる、**겹**の ㅂ パッチムはギョを言いながらやや速く口を閉じる、**살**の ㄹ パッチムはサを言いながら舌先を上の歯茎に軽くつける。これらのポイントを意識しながら言ってみましょう。

| 4 | 何も見ずに、どれくらい聞き取れるか試してみよう！ | 🔊 43-4 |

✏️ ちょっと
くわしく **韓国の出前事情** 🔊 43-5

韓国語で「出前」は**배달**と言います。日本でも食べ物の出前はよくあると思いますが、韓国の出前は扱われている商品も幅広く、すぐに家に届けてもらえることが特徴です。食材から携帯電話、充電器、ゲーム機、コスメ、服、本、インテリア用品、ペット用品、お花など「今すぐあったらいいな」というものがほとんど揃っていて、近ければ数分後、遠くても2時間以内には家に届けてもらえるので、とても便利です。

●出前に関するフレーズ

○ **배달 시키자.**（出前頼もう。）
ペダル　シキジャ

○ **뭐 먹을래?**（何食べる?）
ムォ　モグルレ

○ **이걸로 시킨다?**（これで頼むよ?）
イゴルロ　シキンダ

DAY 44

休暇のとき、楽しかったエピソードある？

ヒュガ ッテ ジェミイットン ッソル イッソ
휴가 때 재미있던 썰 있어？

1 こんなふうに使われる！

44-1

ヒュガ ッテ ジェミイットン ッソル イッソ
휴가 때 재미있던 썰 있어?
(休暇のとき、楽しかったエピソードある?)

ジンッチャ ウッキン ッソル ハナ イッソ
진짜 웃긴 썰 하나 있어.
(めっちゃ面白いエピソード1つあるよ。)

ムスン イル イッソンヌンデ
무슨 일 있었는데? (どんなことがあった?)

2 意味を確認しよう！

44-2

「～のとき」「～(する)とき」は**휴가 때**(休暇のとき)のように言います。連休(ヨンヒュ **연휴**)のことは**휴가**と言うことが多いです。ちなみに、時計の時間を読む際の「～時」は、ハン シ **한 시**(1時)のように**시**と読みます。

チュルバルハル ッテ ヨルラク ジュォ
- **출발할 때 연락 줘.** (出発するときに連絡してちょうだい。)

グッテ ネガ ウェ グレッスルッカ
- **그때 내가 왜 그랬을까?** (あのとき、私がどうしてそうしたんだろう?)

ヒムドゥル ッテヌン オンジェドゥンジ ジョハンテ ギデヨ
- **힘들 때는 언제든지 저한테 기대요.**
(大変なときはいつでも僕に頼ってください。)

➡「～のときは」を意味する**때는**を縮めてッテン**땐**と言うことも多い。

👤 **휴가 때 / 재미있던 썰 / 있어 ?**

➡때は「まって」の「って」と同じ音だよ！

👤 **진짜 / 웃긴 썰 / 하나 있어 .**

➡썰は「こっそり」の「っそ」のように少し力強く発音しよう！

👤 **무슨 일 / 있었는데 ?**

무슨 일は일だけで読むと、「イル」ですが、**무슨 일**はつなげて「ムスンニル」と言うとネイティブっぽい発音になります。

4 何も見ずに、どれくらい聞き取れるか試してみよう！　🔊 44-4

✎ ちょっと
くわしく 　**今っぽい「話」は「썰」？！**　🔊 44-5

最近は「話、エピソード、体験談」などのことを「説」と言います。「説」は韓国
語で설ですが、これを少し力強く発音して썰と言うことが多いです。

　　　　　　　レジョンドゥ　ッソル
○ **레전드 썰** (すごい話)
　➡直訳は「レジェンド説」で、「本当にあったすごい話」という意味。

　ッソル　プロ　ジュォ
○ **썰 풀어 줘.** (エピソード聞かせて。)
　➡**풀다**の意味は「(荷物を)ほどく」で、直訳は「エピソードを荷ほどく」。
　　ここから「エピソードを聞かせる」の意味になる。

　ッソル　プロ　ジュルッケ
✍ **썰 풀어 줄게.** (エピソード聞かせてあげるね。)
　➡エピソードを話す前にこのフレーズを添えて話し始めることが多い。

DAY 45

シルクのようになめらか！

シルクガチ　ブドゥロウォ
실크같이 부드러워!

---

1 こんなふうに使われる！　◀)) 45-1

セ　ジャモッ　サンヌンデ　ボルレ
👤 **새 잠옷 샀는데 볼래?**
（新しいパジャマを買ったんだけど、見る？）

イェップダ　ジャル　オウルリョ
👤 **예쁘다! 잘 어울려.**（可愛い！よく似合ってる。）

シルクガチ　ブドゥロウォ
👤 **실크같이 부드러워!**（シルクのようになめらか！）

---

2 意味を確認しよう！　◀)) 45-2

「〜のように」は**실크같이**（シルクのように）のように言います。**같이**には「一緒に」という意味もあるので、どちらの意味で使われているかは前後の内容の文脈で見極めましょう。

ットッカチ　ッチョルギテヨ
○ **떡같이 쫄깃해요.**（お餅のようにモチモチしています。）

サジニ　バボガチ　ナワッソ
○ **사진이 바보같이 나왔어.**（写真がおバカみたいに映ってる。）
➡親しみを込めて、可愛いという意味で**바보**（おバカ）を使うこともある。

イニョンガチ　センギョッソヨ
○ **인형같이 생겼어요.**（お人形みたいです。）
➡○○**같이 생겼어요**は直訳すると「○○のような顔をしています」ですが、「○○みたいです」と訳すと自然。

> 같이って「合致」みたいでなんか覚えやすいな〜

3 | あとについて言っておぼえよう！　　🔊 45-3

👤 **새 / 잠옷 / 샀는데 볼래?**

👤 **예쁘다! 잘 어울려.**

👤 **실크같이 / 부드러워!**

예쁘다は、崩して「イップダ」と発音することが多いです。この発音も一緒に覚えておきましょう。
잘 어울려は、つなげて「ジャロウルリョ」と読むとより自然になります。
부드러워は、縮めて**부드러**と言ったりもします。

4 | 何も見ずに、どれくらい聞き取れるか試してみよう！　　🔊 45-4

📝 **ちょっとくわしく** **같이の別の言い方「처럼」**　　🔊 45-5

〜**같이**の代わりに〜**처럼**と言うこともありますが、これらはほとんど同じ意味なので、一緒に覚えておくと便利です。

○ **토끼처럼 귀여워.**（うさぎのように可愛い。）
　 トッキチョロム　グィヨウォ

○ **학생처럼 보여요.**（学生のように見えます。）
　 ハクセンチョロム　ボヨヨ

○ **애기처럼 말하지 마.**（子どもみたいに言わないで。）
　 エギチョロム　マラジ　マ

✒️ **생각처럼 잘 안 되네.**（思ったようにうまくいかないな。）
　 センガクチョロム　ジャル　アン　ドェネ
　➡バラエティ番組でミッションやゲームなどがうまくいかないときに
　　独り言でよく使うフレーズ！

111

DAY
46

用意したものはあまりないですが
美味しく食べてください。

차린 건 별로 없지만 맛있게 드세요.
チャリン　ゴン　ビョルロ　オブッチマン　マシッケ　ドゥセヨ

| Ⅰ | こんなふうに使われる！ | ご馳走してもらうときに | ◀)) 46-1 |

😊 **와! 이게 다 뭐예요?** (わ！これ一体どうしたんですか？)
ワ　イゲ　ダ　ムォエヨ

😊 **차린 건 별로 없지만 맛있게 드세요.**
チャリン　ゴン　ビョルロ　オブッチマン　マシッケ　ドゥセヨ
(用意したものはあまりないですが美味しく食べてください。)

😊 **잘 먹을게요.** (美味しくいただきますね。)
ジャル　モグルッケヨ

| 2 | 意味を確認しよう！ | ◀)) 46-2 |

「～だが」「～ですが」は**없지만**(ないですが)のように言います。**없는데**(ないけど)よりもかしこまった表現で、ニュースやテレビ番組などオフィシャルな場でよく使われます。
オムヌンデ

ちなみに、**차린 건 별로 업지만 맛있게 드세요.** は家に招待して料理を出すときなどによく使うフレーズです。また、人から食べ物をもらったり、ご馳走してもらったりしたときには、**잘 먹을게요.** と言います。

○ **먹고 싶지만 참을게요.** (食べたいけど我慢しますね。)
モッコ　シプッチマン　チャムルッケヨ

🎤 **어렵지만 열심히 해 보겠습니다.** (難しいけど頑張ってみます。)
オリョプッチマン　ヨルシミ　へ　ポゲッスムニダ

🎤 **막내지만 언니 같아요.** (末っ子ですがお姉ちゃんみたいです。)
マンネジマン　オンニ　ガタヨ

👤 와! / 이게 다 / 뭐예요?

➡「驚き＋嬉しい」感情を込めよう！

👤 차린 건 / 별로 없지만 / 맛있게 드세요.

👤 잘 먹을게요.

뭐예요の**뭐**が「ブォ」や「ボ」に聞こえることもあると思います。103ページの**무슨**と同じように「ブォ」や「ボ」に聞こえても、「ムォ」や「モ」と発音すればOKです。

✏ちょっと
くわしく　「嬉しい驚き」を表すフレーズ　🔊 46-5

プレゼントをもらったり、サプライズしてもらったりしたときの「嬉しい驚き」の表現はたくさんあります。左ページの例文の**이게 다 뭐예요?**もその1つです。直訳すると「これって全部何ですか？」で、「すごい」という気持ちを伝える表現です。ほかにもよく使われる表現をおさえておきましょう。

🔊 ミチョッタ
미쳤다.（やばい。）
➡直訳は「狂った」と言う意味。同じ意味で**미친**や**대박**も使う。
ミチン　　デバク

○ ホル
헐!（えっ！）
➡驚いたときや戸惑ったときなど、いろいろな場面で使われる。
代わりに**잉?**や**엥?**と言うこともある。
イン　　エン

🔊 ガムドンイエヨ
감동이에요.（感動です。）

🔊 センガクット　　モッテッソヨ
생각도 못 했어요.（思ってもなかったです。）
➡授賞式などでよく使われる表現。

DAY 47

1週間にどのぐらい
運動するのでしょうか？

일주일에 얼마나 운동하나요?

イルッチュイレ　オルマナ　ウンドンハナヨ

| I | こんなふうに使われる！ |

◀)) 47-1

👤 **일주일에 얼마나 운동하나요?**
イルッチュイレ　オルマナ　ウンドンハナヨ
（1週間にどのぐらい運動するのでしょうか？）

👤 **3 번이요.**（3回です。）
セ　ボニヨ

👤 **대단하시네요.**（すごいですね。）
デダナシネヨ

| 2 | 意味を確認しよう！ |

◀)) 47-2

丁寧に何かを聞くときに使われる「～でしょうか？」「～ですかね？」は**운동
하나요?**（運動するのでしょうか？）のように言います。**운동하나요?** は**운동
해요?** や**운동합니까?**（運動しますか？）よりもやわらかい口調で、やさしそ
うなニュアンスになります。前につく単語によっては～**나요?** の代わりに、
～**가요?** と言うこともありますが、同じ意味で訳してOKです。
また、**대단하시네요**の～**시네요**は「～（し）ていらっしゃいますね」という意
味で、とても丁寧な表現です。

○ **다들 뭐 하시나요?**（みなさん、何されていますかね？）
ダドゥル　ムォ　ハシナヨ
➡「みなさん」は**여러분**や**다들**と言うことが多い。
　　　　　ヨロブン

🎤 **어떤가요?**（どうでしょうか？）
オットンガヨ

🎤 **그런가요?**（そうですかね？）
グロンガヨ

😀 **일주일에 / 얼마나 / 운동하나요?**

😀 **3번이요.**

😀 **대단하시네요.**

운동は日本語の「運動」と発音が似ているので覚えやすいですが、似ているからこそ注意が必要です。**동**は「ドウ」ではなく「ドン」と意識して発音しましょう。

4　何も見ずに、どれくらい聞き取れるか試してみよう！ 🔊 47-4

ちょっとくわしく　**自分に問いかけるときはタメ口で！** 🔊 47-5

그런가요?（そうですかね？）から最後の**요**を取って**그런가?**（そうかな？）と言うと「自分に問いかける」ような意味になります。この形は、独り言でとてもよく使われます。

- **이상한가?**（おかしいのかな？）
  イサンハンガ

- **여기로 가면 되나?**（ここに行けばいいのかな？）
  ヨギロ　ガミョン　ドェナ

- **아는 사람인가?**（知り合いなのかな？）
  アヌン　サラミンガ

- **아닌가?**（違うかな？）
  アニンガ

- **아무도 없나?**（誰もいないのかな？）
  アムド　オムナ

DAY 48

昨日お酒を飲みすぎて しまいました。

オジェ　スルル　ノム　マショ　ポリョッソヨ
어제 술을 너무 마셔 버렸어요.

| 1 | こんなふうに使われる！ | ◀)) 48-1 |

> モミ　アン　ジョアヨ
> 몸이 안 좋아요? （体調が悪いですか？）

> オジェ　スルル　ノム　マショ　ポリョッソヨ
> 어제 술을 너무 마셔 버렸어요.
> （昨日お酒を飲みすぎてしまいました。）

> アイゴ　　ヘジャンハロ　ガヨ
> 아이고… 해장하러 가요!
> （あらら…酔い覚ましに行きましょう！）

| 2 | 意味を確認しよう！ | ◀)) 48-2 |

「〜(して)しまいました」は**마셔 버렸어요**（飲んでしまいました）のように言います。タメ口は、最後の**요**を取って**마셔 버렸어**（飲んじゃった）です。

○ **회의에 늦어 버렸어요.**（会議に遅れてしまいました。）
　フェイエ　ヌジョ　ポリョッソヨ

○ **망쳐 버렸어.**（台無しにしちゃった。）
　マンチョ　ポリョッソ

○ **다 읽어 버렸어요.**（全部読んでしまいました。）
　ダ　イルゴ　ポリョッソヨ

○ **다 마셔 버렸어요.**（全部飲んでしまいました。）
　ダ　マショ　ポリョッソヨ
　➡意訳で「飲み干しました」と訳してもOK!

○ **다 써 버렸어요.**（全部使ってしまいました。）
　ダ　ッソ　ポリョッソヨ
　➡意訳で「使い果たしました」と訳してもOK!

> 意訳でおぼえて
> ネイティブ思考に
> 慣れていこう！

🔊 48-3

👤 **몸이 / 안 좋아요 ?** 　안 좋아요はつなげて言おう！

👤 **어제 / 술을 / 너무 / 마셔 버렸어요 .**

👤 **아이고 … 해장하러 가요 !**

너무と**마셔**のところでほんの少しアクセントを置くのがポイントです。
아이고はネイティブがよく使う感嘆詞です。嬉しいときや残念なとき、驚いた
ときなど、いろいろな場面で使える万能表現です。ここでは「あらまあ、大変
そうですね」となぐさめるイメージで言ってみましょう。

4　　何も見ずに、どれくらい聞き取れるか試してみよう！　🔊 48-4

✏ ちょっと
くわしく　**お酒に関する韓国語まとめ**　🔊 48-5

ドラマや映画でもお酒を飲むシーンが頻繁に出てきますよね。お酒に関する韓
国語をまとめて紹介します。

○ スル ジャル モン マショヨ
술 잘 못 마셔요. （お酒はあまり飲めません。）
→反対の意味の「お酒強いです」は**못**を取って、スル ジャル マショヨ **술 잘 마셔요**と言う。

○ スクチュィガ イッソヨ
숙취가 있어요. （二日酔いがあります。）

▶ チュィヘンナ ボァ
취했나 봐. （酔ったかも。）

▶ トハル ッコッ ガタ
토할 것 같아. （吐きそう。）

ちょっと気晴らしに行きますか？

ジャムッカン　バラム　ッスェロ　ガルレヨ
잠깐 바람 쐬러 갈래요?

---

1 こんなふうに使われる！ 🔊 49-1

🧑 ジャムッカン　バラム　ッスェロ　ガルレヨ
잠깐 바람 쐬러 갈래요?
（ちょっと気晴らしに行きますか？）

🧑 ジグミョ　　オディロヨ
지금요? 어디로요?（今ですか？ どこにですか？）

🧑 グンチョ　ゴンウォヌン　　オッテヨ
근처 공원은 어때요?（近所の公園はどうですか？）

2 意味を確認しよう！ 🔊 49-2

相手を勧誘するときに使われる「〜（し）ますか？」という表現は**갈래요?**（行きますか？）のように言います。否定の意味の**안**を入れて**안 갈래요?**（行きませんか？）と誘うこともあります。〜**래요?**には相手の意見を聞いている**ニュアンス**が含まれるので、メニューを選ぶときなどによく使われます。

○ ヨギ　アンジュルレヨ
여기 앉을래요?（ここ、座りますか？）

○ ゲイム　アン　ハルレヨ
게임 안 할래요?（ゲームしませんか？）

○ ムォ　シキルレヨ
뭐 시킬래요?（何を頼みますか？）

○ グロルレヨ
그럴래요?（そうしますか？）

(👤) **잠깐 / 바람 쐬러 / 갈래요?**

➡쐬は、少し崩して「ッセ」と発音すると自然だよ！

(👤) **지금요? 어디로요?**

(👤) **근처 공원은 / 어때요?**

어디로요は、**어디루요**^{オディルヨ}のように言うこともあります。このように母音「ㅗ」を「ㅜ」
と発音することが多いので、ネイティブの発音をよ〜く聞いてみましょう。
어때요?は、**어**のあとで止めたり、音を伸ばしたりしないように注意しましょう。
韓国語には長音はないので、すべて同じくらいの長さで言うときれいに聞こえ
ます。

✎ **ちょっと くわしく** **〜래요のもう1つの意味** ◀)) 49-5

할래요? (↗)(しますか？)と語尾を上げずに、**할래요.**(↘)(します。)と語尾
を下げて発音すると、意味が変わるので注意しましょう。例えば、**이걸로**
할래요.^{イゴルロ ハルレヨ}(↘)のように語尾を下げて言うと「これにします。」という意味になり、
自分の選んだメニューを伝えるなど、自分の意見を伝えたりする場面で使いま
す。

○ **어떤 노래 들을래?**^{オットン ノレ ドゥルルレ}(↗)(どんな歌を聞く？)

○ **케이팝 들을래!**^{ケイパプ ドゥルルレ}(↘)(K-POP聞く！)

➡「聞きたい」に近いニュアンスで、自分の意見をはっきり伝える感じ。

◀)) 50-1

행복해요.
（幸せです。）

「幸福」を意味する**행복**に**해요**（します）をつけた表現。

タメ口 **행복해.**（幸せ。）

놀라워요.
（驚きです。）

同じ意味の**놀랍다.**を使うこともある。

タメ口 **놀라워!**（驚き！）

신나요.
（楽しいです。）

同じ意味の**재미있어요.**よりも、よりウキウキしているニュアンス。

タメ口 **신나.**（楽しい。）

신기해요.
（不思議です。）

신기は漢字で「神奇」。**해요**（します）をつけて「不思議です」という意味になる。

タメ口 **신기해.**（不思議だ。）

심심해요.
（退屈です。）

「つまらない」「暇だ」と言うときによく使う表現。

タメ口 **심심해.**（退屈だ。）

어색해요.
（気まずいです。）

어색の漢字は「語塞」。気まずくて「語」が「塞がる」イメージで覚えてみよう！

タメ口 **어색해.**（気まずい。）

싫어요.
（嫌です。）

嫌すぎて顔が「白」くなるイメージを連想して覚えてみよう！

タメ口 **싫어.**（嫌だ。）

별로예요.
（イマイチです。）

별로.だけ言うと「別に。」という意味になることもある。

タメ口 **별로야.**（イマイチだ。）

무서워요.
（怖いです。）

「ブソウォヨ」と発音することもあるので、この発音も覚えておこう！

タメ口 **무서워.**（怖い。）

STAGE 6

DAY 51	〜らしいです　〜대요	122
DAY 52	〜ので　〜가지고	124
DAY 53	〜の中で　〜중에서	126
DAY 54	〜かもしれません　〜지도 몰라요	128
DAY 55	〜じゃないですか　〜잖아요	130
DAY 56	〜のようです　〜나 봐요	132
DAY 57	〜(する)ことができます　〜수 있어요	134
DAY 58	〜だといいです　〜면 좋겠어요	136
DAY 59	〜なんですよ　〜거든요	138
DAY 60	ドラマでよく使われる表現	140

DAY 51 明日めっちゃ寒いらしいです。

ネイル ジンッチャ チュプッテヨ
내일 진짜 춥대요.

1 こんなふうに使われる！
(◀)) 51-1

ネイル ジンッチャ チュプッテヨ
👤 **내일 진짜 춥대요.**（明日めっちゃ寒いらしいです。）

ネイルン ペディン ピルッスネヨ
👤 **내일은 패딩 필수네요.**（明日はダウンが必須ですね。）

オッ ッタットゥタゲ イブセヨ
👤 **옷 따뜻하게 입으세요.**（暖かくしてください。）

2 意味を確認しよう！
(◀)) 51-2

「〜らしいです」は**춥대요**（寒いらしいです）のように使います。タメ口で言うときは、最後の요を取って**춥대**（寒いらしい）と言います。
また、**옷 따뜻하게 입으세요**（暖かくしてください）は、直訳すると「服を暖かく着てください」という意味です。

セ ドゥラマガ ナオンデヨ
○ **새 드라마가 나온대요.**（新しいドラマが始まるらしいです。）

チェエガ グンデ ガンデ
○ **최애가 군대 간대.**（推しが軍隊に行くらしい。）

イゲ インッキレヨ
○ **이게 인기래요.**（これが人気らしいです。）
　➡前の語が名詞のときは**대요**の代わりに**래요**と言う。

> DAY29では、데「〜だけど」だったね。

> 発音は同じでもつづりが違うと意味も変わるんだ！

122

👤 **내일 / 진짜 / 춥대요.**

➡대는、前のパッチムの影響で「ッテ」と強く発音する。

👤 **내일은 / 패딩 / 필수네요.**

👤 **옷 / 따뜻하게 / 입으세요.**

🖊 ちょっと くわしく　　**気候に関する韓国語まとめ**　　🔊 51-5

あいさつやスモールトークの定番は、やっぱり気候の話ですよね。韓国も日本と同じく四季がはっきりしていて、よく使う定番表現があります。

○ **따뜻해요.** ₍暖かいです。₎
_{ッタットゥッテヨ}

○ **더워요.** ₍暑いです。₎
_{ドウォヨ}

○ **후덥지근해요.** ₍蒸し暑いです。₎
_{フドプチグネヨ}

○ **시원해요.** ₍涼しいです。₎
_{シウォネヨ}

○ **쌀쌀해요.** ₍肌寒いです。₎
_{ッサルッサレヨ}

○ **추워요.** ₍寒いです。₎
_{チュウォヨ}

DAY 52

目が腫れすぎたので…

ヌニ ノム ブオ ガジゴ
눈이 너무 부어 가지고 …

| 1 | こんなふうに使われる! | 🔊 52-1 |

ヨントン ハルレヨ
👤 **영통 할래요?**（テレビ電話しませんか?）

ヌニ ノム ブオ ガジゴ
👤 **눈이 너무 부어 가지고 …**（目が腫れすぎたので…）

ヨントン マルゴ グニャン ジョナァヌン オッテヨ
영통 말고 그냥 전화는 어때요?
（テレビ電話ではなくて、普通に電話はどうですか?）

| 2 | 意味を確認しよう! | 🔊 52-2 |

理由を説明するときに使う「〜ので」は**부어 가지고**（腫れたので）のように
言います。DAY16の**〜서**と同じ意味なので、どちらを使っても大丈夫です。
会話のときは**가지고**を**가지구**と発音したり、縮めて**갖고**と言ったりすること
も多いです。
ちなみに、「テレビ電話」は**영상통화**（映像通話）を略して**영통**と言います。

ベトリガ オプソ ガジゴ チュンジョンヘヤ ヘヨ
○ **배터리가 없어 가지고 충전해야 해요.**
（電池が切れて充電しないといけません。）

グレ ガッコ オットケ デェッソヨ
○ **그래 갖고 어떻게 됐어요?**（それでどうなりましたか?）

〜서と〜가지고の違いって?

〜가지고は日常会話だけ、
〜서は書き言葉でも会話
でも使えるよ!

(8) **영통 / 할래요?**

(8) **눈이 / 너무 / 부어 가지고 …**
　　영통 말고 / 그냥 / 전화는 / 어때요?

가지고の代わりに**가지구**や**갖고**と言うと、ネイティブっぽく聞こえます。
전화の**화**は、「ファ」ですが、つなげて読むと「ジョヌァ」になります。もっと崩して「ジョナ」と言っても自然です。

4　　何も見ずに、どれくらい聞き取れるか試してみよう！　　◀) 52-4

✎ **ちょっと
くわしく**　　**〜가지고のもう1つの意味**　　◀) 52-5

〜가지고は「〜ので」だけでなく、「〜を持って」という意味でも使われます。例えば、雨の日に「傘を持って行ってください」と言う場合、「傘を持って」は**우산**（ウサン）
가지고のように言います。また、「〜を持って」の意味のときは**가지고**の代わりに**들고**（ドゥルゴ）を使うこともできます。

○ **빨대 가지고 가세요.**（ストロー持って行ってください。）
　ッパルッテ　ガジゴ　ガセヨ

○ **들고 가세요?**（持って行かれますか？）
　ドゥルゴ　ガセヨ
　➡飲食店で「お持ち帰りですか？」と聞くときもこれを使う。

○ **갖고 싶다.**（欲しい。）
　ガッコ　シプッタ
　➡直訳は「持ちたい」で、「欲しい」と言うときにも使う。
　갖고の代わりに、**가지고 싶다**とも言う。

DAY 53

この中で１つ選んでみて。

イ　ジュンエソ　ハナ　ゴルラ　ボァ
이 중에서 하나 골라 봐.

| 1 | こんなふうに使われる！ |

🔊 53-1

ブンオッパン　ヨロガジ　マスロ　サワッソ
붕어빵 여러가지 맛으로 사왔어.
（たい焼きをいろんな味で買ってきたよ。）

イ　ジュンエソ　ハナ　ゴルラ　ボァ
이 중에서 하나 골라 봐. （この中で１つ選んでみて。）

オディ　ボジャ　シュクリム　マスロ　ハルレ
어디 보자 … 슈크림 맛으로 할래!
（どれどれ … シュークリーム味にする！）

| 2 | 意味を確認しよう！ |

🔊 53-2

「〜の中で」「〜のうちで」は**이 중에서** (この中で) のように言います。**서**を
省いて**이 중에**と言うことも多く、何かを選ぶときによく使われます。**중**は「中」
という意味で、日本語と音が似ていますね。**에서**は「〜で」という意味なの
で、そのまま直訳で考えると覚えやすいかも！
ちなみに、「たい焼き」は韓国語で**붕어** (フナ) ＋**빵** (パン) で**붕어빵**です。

▶ ウリ　ジュンエ　スパイガ　イッソ
우리 중에 스파이가 있어! （うちらの中にスパイがいる！）

○ アイドル　ジュンエ　ヌガ　ジェイル　ジョアヨ
아이돌 중에 누가 제일 좋아요? （アイドルの中で誰が一番好きですか？）

🎤 ライブ　ジュンエ　ジョヌァガ　ワッソヨ
라이브 중에 전화가 왔어요. （ライブ中に電話がかかってきました。）
➡**에**は「〜に」という意味で、**중에**「〜中に」という意味で使われることもある。

😀 붕어빵 / 여러가지 맛으로 / 사왔어.
　　이 중에서 / 하나 / 골라 봐.

😀 어디 보자 … 슈크림 맛으로 / 할래!

➡ **어디 보자**は「どれどれ〜」と選ぶ場面をイメージして！

여러가지と**하나**にアクセントを置いて言うと、より伝わりやすくなります。
골라の ㄹ の発音は、舌を巻かないように注意！ 日本語の「ラリルレロ」と同じように発音してみましょう。

4 何も見ずに、どれくらい聞き取れるか試してみよう！ 🔊 53-4

✏ ちょっとくわしく　붕어빵の「たい焼き」以外の意味 🔊 53-5

붕어빵は人に対しても使われます。その場合は「たい焼き」という意味ではなく、「似ている」「そっくりだ」の意味です。例えば、「君はお父さんと**붕어빵**だね」と言うと「お父さんとそっくりだね」という意味です。たい焼きはどれも同じ形をしていることから、「同じ形をしている＝似ている」という意味で使われるようになりました。

　　オムマラン　ワンジョン　ブンオッパンイネ
○ **엄마랑 완전 붕어빵이네.**
　（お母さんと本当にそっくりだね。）

➡ 直訳は「お母さんと完全にたい焼きだね」。
　一般的に「似ている」は**닮았다**（ダルマッタ）や**비슷하다**（ビスタダ）をよく使う。

推しと붕어빵になりてぇ〜♡

127

DAY 54

後悔するかもしれません。

후회할지도 몰라요.
（フフェハルッチド　モルラヨ）

1　こんなふうに使われる！　◀)) 54-1

진짜 후회 안 하겠어요?（本当に後悔しなさそうですか？）
（ジンッチャ　フフェ　アン　ハゲッソヨ）

후회할지도 몰라요.（後悔するかもしれません。）
（フフェハルッチド　モルラヨ）

그래도 하고 싶은 거 하고 싶어요.
（グレド　ハゴ　シプン　ゴ　ハゴ　シポヨ）
（でも、やりたいことをやりたいです。）

2　意味を確認しよう！　◀)) 54-2

ひかえめに自分の意見を伝える「〜かもしれません」という表現は**후회할지도 몰라요**（後悔するかもしれません）のように言います。タメ口は最後の**요**を取って**후회할지도 몰라**（後悔するかもしれない）です。韓国ではわりとストレートに話すことが多いので、このようなひかえめな表現は日本ほど頻繁に使われません。

○ 취소될지도 몰라요.（キャンセルされるかもしれません。）
（チュィソドェルッチド　モルラヨ）
➡取소を漢字で書くと「取消」になる。

▶ 그럴지도 몰라요.（そうかもしれません。）
（グロルッチド　モルラヨ）
➡あいづちでもよく使う。

○ 귀찮을지도 몰라요.（めんどくさいかもしれません。）
（グィチャヌルッチド　モルラヨ）

😊 **진짜 / 후회 / 안 하겠어요?**

➡ **후회**は、崩して「フェ」と言うと自然だよ！

😊 **후회할지도 몰라요.**

그래도 / 하고 싶은 거 / 하고 싶어요.

지도 몰라요の**지**は、前のパッチムの影響で「ッチ」と発音されます。意識しながら発音してみましょう。

하고 싶은 거 하고 싶어요は、**하고**にアクセントを置き、少し強調して言ってみましょう。

✏ **ちょっとくわしく** **〜지도 몰라요と一緒に使われる単語** 🔊 54-5

〜지도 몰라요は不確実なことを言うときに使われる表現なので、**어쩌면**（もしかしたら）や**아마**（たぶん）のような単語ととても相性がいいです。一緒に使われる表現をセットで覚えるとリスニング力がグッと上がります！

○ **어쩌면 틀릴지도 몰라요.**（もしかしたら違うかもしれません。）
➡ **어쩌면**を縮めて**어쩜**と言うこともある。

○ **아마 외로울지도 몰라요.**（たぶん寂しいかもしれません。）
➡ **아마**の代わりに**아마도**と言うこともある。

DAY
55

今日週末じゃないですか。

_{オヌル} _{ジュマリジャナヨ}
오늘 주말이잖아요.

| 1 | こんなふうに使われる！ | 🔊 55-1 |

_{ウェ} _{フェサ} _{アン} _{ガゴ} _{ジベ} _{イッソヨ}
왜 회사 안 가고 집에 있어요?
（どうして会社に行かずに家にいますか？）

_{オヌル} _{ジュマリジャナヨ}
오늘 주말이잖아요.（今日週末じゃないですか。）

_ア _{マッタ} _{ッカムッパケッソヨ}
아! 맞다! 깜빡했어요.
（あ！ そうだ！ うっかりしました。）

| 2 | 意味を確認しよう！ | 🔊 55-2 |

「〜じゃないですか」は**주말이잖아요**（週末じゃないですか）のように言います。タメ口は、最後の**요**を取って**주말이잖아**（週末じゃん）と言えばOKです。「〜じゃん」と〜**잖아**の音は似ているから、簡単に覚えられますね！

_{グゴン} _{ジェガ} _{ジョンムニジャナヨ}
🎤 **그건 제가 전문이잖아요.**
（それは私が専門じゃないですか。）

_{ハングギラン} _{イルボヌン} _{ガッカプジャナヨ}
○ **한국이랑 일본은 가깝잖아요.**
（韓国と日本は近いじゃないですか。）

_{エイ} _{ムォヤ} _{アニジャナ}
에이 뭐야? 아니잖아.（えっ、何だ？ 違うじゃん。）
➡ 에이は残念な気持ちを表すときによく使う。**에이 뭐야**は丸ごと覚えよう！

왜 / 회사 / 안 가고 / 집에 있어요?

➡**회사**の**회**は少し崩して「ヘ」と発音しよう！

오늘 / 주말이잖아요.

아! 맞다! 깜빡했어요.

주말にアクセントを置いて、少し強調してみましょう。

아! 맞다! は何かを思い出したときに使う定番表現です。「あ！ そうだ！」という気持ちを込めて言ってみましょう。

🖉 **ちょっとくわしく** **うっかりしたときの韓国語** ◀)) 55-5

みなさんはうっかりしたとき、日本語でどんな言葉を使いますか？ いろいろな表現がありますが、とっさに出てくる言葉はだいたい決まっているのではないでしょうか。韓国語も同じです。左ページの例文の**깜빡했어요**はうっかりしたときの定番表現ですが、ほかにもよく使うフレーズをまとめて覚えておきましょう。

○ **어떡해!**（どうしよう！）
　オットケ
　➡うっかりしたことに気づいてすぐ使う表現。

○ **잊어버렸어.**（忘れちゃった。）
　イジョボリョッソ

○ **까먹었어.**（忘れちゃった。）
　ッカモゴッソ
　➡ネイティブがとてもよく使うスラング。
　까먹었다と言うことも多い。
　ッカモゴッタ

131

DAY 56

人気があるようですね。

インッキガ　インナ　ボァヨ
인기가 있나 봐요.

1　こんなふうに使われる！　　電話で　　🔊 56-1

🧑 ジグム　ピョニジョミンデ　ムォ　ピリョハン　ゴ　イッソヨ
지금 편의점인데 뭐 필요한 거 있어요?
（今コンビニですが、何か必要なものありますか？）

🧑 ペゴプンデ　ドシラク　イッソヨ
배고픈데 도시락 있어요?
（お腹が空いているんですが、お弁当はありますか？）

🧑 ドシラグン　ダ　パルリョンネヨ
도시락은 다 팔렸네요.（お弁当は売り切れですね。）

インッキガ　インナ　ボァヨ
인기가 있나 봐요.（人気があるようですね。）

2　意味を確認しよう！　　🔊 56-2

「～のようです」「～そうです」は **있나 봐요**（あるようです）のように言います。
DAY27の**～것 같아요**も「～のようです」の意味でしたが、ニュアンスが少し違います。**～것 같아요**は漠然とした推測をするニュアンスで、**～나 봐요**は少しでも根拠があるときに使われます。ですが、聞き取りのときは細かいニュアンスまで気にせずに「～のようです」と考えれば大丈夫です！

○ ッサウナ　ボァヨ
싸우나 봐요.（ケンカしているようです。）

○ グロンガ　ボァヨ
그런가 봐요.（そうみたいです。）
➡ 前の語の品詞によっては**～나 봐요**ではなく、**～가 봐요**と言う。

132

👤 지금 / 편의점인데 / 뭐 / 필요한 거 / 있어요?

👤 배고픈데 / 도시락 있어요?

👤 도시락은 / 다 팔렸네요.
인기가 / 있나 봐요.

4　何も見ずに、どれくらい聞き取れるか試してみよう！　🔊 56-4

✏️ ちょっとくわしく　〜나 봐요ではなく、〜가 봐요を使う場合　🔊 56-5

「〜のようです」「〜そうです」と言うときに〜**나 봐요**ではなく〜**가 봐요**を使うこともあります。DAY47で、〜**나요**の代わりに〜**가요**を使うこともあると紹介しましたが、ここでも同じです。例えば、**그런가 봐요** (そうみたいです)のように言います。使い分けは、動詞や形容詞のような品詞によって変わりますが、聞き取りの際には文法的なことより、「ナ ボァヨ」「ガ ボァヨ」の音が聞こえたら「〜のようです」の意味だと瞬時にわかることが大切です。

○ **중요한 전화인가 봐요.**
　(重要な電話のようです。)

○ **여기 유명한가 봐.**
　(ここ有名みたいだね。)
　➡ **유명하나 봐**と言うこともある。

> とにかく、「ナ ボァヨ」「ガ ボァヨ」=「〜のようです」だね！

DAY 57

そんなこともありますよ。

그럴 수 있어요.
（グロル ス イッソヨ）

---

1 こんなふうに使われる！ 🔊 57-1

👤 **중요한 미팅인데 늦잠 자버렸어요.**
（ジュンヨハン ミティンインデ ヌッチャム ジャボリョッソヨ）
（大事な打ち合わせなのに寝坊しちゃいました。）

👤 **그럴 수 있어요.**（グロル ス イッソヨ）（そういうこともあります。）

👤 **위로가 되네요.**（ウィロガ ドェネヨ）（心が癒やされました。）

2 意味を確認しよう！ 🔊 57-2

可能の表現の「～（する）ことができます」は**그럴 수 있어요**（そうすること
ができます）のように言います。上の例文のようなシーンでは、「そういうこ
ともあります」というニュアンスです。逆に、不可能の表現の「～（する）こ
とができない」は**그럴 수 없어요**（そうすることはできません）と言います。
また、**위로가 되네요**は直訳すると「なぐさめになります」で、韓国ではよく
使う表現です。

○ **춤 출 수 있어요?**（チュム チュル ス イッソヨ）（踊れますか？）

○ **할 수 있어!**（ハル ス イッソ）（できる！）

○ **믿을 수 없어요.**（ミドゥル ス オプソヨ）（信じられません。）

> 「可能」なら있어요、
> 「不可能」なら없어요だね！

😀 **중요한 미팅인데 / 늦잠 자버렸어요.**

→**중요한**は少し崩して「ジュンヨアン」と言うと自然！

😀 **그럴 수 있어요.**

😀 **위로가 되네요.**

중요한と**늦잠**にアクセントを置いて言うと、より内容が伝わりやすいです。
그럴 수 있어요は、相手をなぐさめる気持ちを込めて言いましょう。

4 何も見ずに、どれくらい聞き取れるか試してみよう！　🔊 57-4

✏️ ちょっと
くわしく　「できません」の2つの言い方　🔊 57-5

韓国語で「できない」と言うときの表現は2つあります。1つは**할 수 없어요**、もう1つはDAY4の**못**を使った**못 해요**です。つまり、**～수 없어요**と**못～**は、どちらとも「できない」という不可能の表現になります。**～수 없어요**は「～することができません」のように少しかしこまったニュアンスなので、日常会話では「～られない」を意味する**못～**をよく使います。

○ **지킬 수 없어요.**（守ることができません。）
　ジキル　ス　オプソヨ

○ **못 지켜.**（守れない。）
　モッ　ジキョ

> 同じ意味だけど
> ニュアンスが違うよ

DAY 58

インフルエンザではないと いいです。

ドッカミ　　　アニオッスミョン　　　ジョケッソヨ
독감이 아니었으면 좋겠어요.

1　こんなふうに使われる！　　◀) 58-1

👤 サシル　ヨジュム　ガムギ　ギウニ　イッソヨ
사실 요즘 감기 기운이 있어요.
（実は最近風邪気味です。）

👤 ヨジュム　ドッカミ　　ユヘンハドラゴヨ
요즘 독감이 유행하더라고요.
（最近インフルエンザが流行ってましたよ。）

👤 ネ　　ドッカミ　　アニオッスミョン　　ジョケッソヨ
네. 독감이 아니었으면 좋겠어요.
（はい。インフルエンザではないといいです。）

2　意味を確認しよう！　　◀) 58-2

「〜だといいです」「〜（し）てほしいです」は**독감이 아니었으면 좋겠어요**（インフルエンザではないといいです）のように言います。タメ口は、最後の**요**を取って**독감이 아니었으면 좋겠어**（インフルエンザではないといいな）と言いますが、**좋겠어**の代わりに**좋겠다**と言うことも多いです。「〜（し）てほしいな」という独り言でもとてもよく使われる表現です。〜**면**（〜なら）＋**좋겠다**（いいな）という直訳で考えると覚えやすいですね。

▶ ヘンボケッスミョン　　ジョケッソヨ
행복했으면 좋겠어요.（幸せになってほしいです。）

● ブジャガ　ドェッスミョン　　ジョケッタ
부자가 됐으면 좋겠다.
（お金持ちになれるといいな。）

> 〜면ってDAY11でもやった！

(◉) **사실 / 요즘 / 감기 기운이 / 있어요.**

(◉) **요즘 / 독감이 / 유행하더라고요.**

➡ 유행하더라구요の고を崩して구と言ってもOKだよ！

(◉) **네. 독감이 / 아니었으면 좋겠어요.**

요즘は、「ヨジュム」と発音する人もいれば、少し崩して「ヨジュン」のように言う人もいるので、どちらの発音も覚えておきましょう。
독감이は、文字通り読むと「ドクガムイ」ですが、つなげて「ドッカミ」と読みます。
유행は、「ユエン」のように読むとより自然です。

4 何も見ずに、どれくらい聞き取れるか試してみよう！   ◀)) 58-4

✎ **ちょっと くわしく**   **願いごとを言うときの表現**   ◀)) 58-5

何か欲しいものがあったり、叶えたいことがあったりするときに、ネイティブが
よく使う表現を紹介します。独り言でぼそっと言うことも多いです。

(◈) ジェバル
제발. (どうか、お願い。)

○ イルオジゲ ヘ ジュセヨ
이루어지게 해 주세요. (叶えてください。)

○ ッコク ソンゴンハギル
꼭 성공하길 … (絶対成功しますように…)

137

DAY 59

最近忙しかったんですよ。

_{ヨセ ジョム バッパッコドゥンニョ}
요새 좀 바빴거든요.

| 1 | こんなふうに使われる！ |

◀)) 59-1

_{ヨジュム エスエンエス オムロドゥガ ットゥマシネヨ}
요즘 SNS 업로드가 뜸하시네요.
（最近SNSの投稿があまりないですね。）

_{ヨセ ジョム バッパッコドゥンニョ}
요새 좀 바빴거든요.（最近忙しかったんですよ。）

_{ジュロ ヌンティンマン ヘヨ}
주로 눈팅만 해요.（おもに見るだけにしています。）

| 2 | 意味を確認しよう！ |

◀)) 59-2

「～なんですよ」は**바빴거든요**（忙しかったんですよ）のように言います。最後の요を取って**바빴거든**_{バッパッコドゥン}（忙しかったんだ）と言うとタメ口になります。
～**거든**が最後に聞こえてきたら、「～なんだ」とか「～なんだよ」と言ってるんだな！と考えてください。「最近」は、日常会話では、同じニュアンスの
요즘_{ヨジュム}や**요새**_{ヨセ}がよく使われます。

○ **근육이 멋있거든요.**_{グニュギ モシッコドゥンニョ}（筋肉がカッコいいんですよ。）

○ **길이 복잡하거든요.**_{ギリ ボクジャバゴドゥンニョ}（道が複雑なんですよ。）

○ **딱 내 스타일이거든.**_{ッタク ネ スタイリゴドゥン}（私のどタイプなんだ。）
　➡ 直訳は「ぴったり私のスタイルなんだ」です。「どタイプ」は**딱 내 스타일**。

そういえば、推しがよく
「ゴドゥン」って言ってるな！

どんなシチュエーションで
使ってるのか意識してみてね！

👤 **요즘 / SNS 업로드가 / 뜸하시네요.**

👤 **요새 / 좀 / 바빴거든요.**
주로 / 눈팅만 해요.

ネイティブは**좀**を強調して「ッチョム」のように発音することもあります。

✏️ ちょっと くわしく　これは韓国語？英語？**팅**で終わる言葉　🔊 59-5

韓国人は**팅**で終わる言葉をよく使いますが、**팅**は英語のtingのことです。meeting（ミーティング）やchatting（チャット）のように英語をそのまま読むときにも使いますが、例文の**눈팅**のように、韓国語に**팅**（ting）をつけた韓国語独自の表現をすることもあります。

ヌンティン
○ **눈팅**（SNSで投稿はせずに見るだけの行為）
　　→**눈**（目）に**채팅**の**팅**（ting）をつけた表現。

チェティン
○ **채팅**（チャット）

ミティン
○ **미팅**（会議、合コン）

ガスライティン
○ **가스라이팅**
　（相手の判断力を失わせるように仕向け、洗脳する行為）
　　→人間関係の話題でよく使われる。

ソゲティン
○ **소개팅**（知り合いの紹介で男女が会うこと）
　　→お見合いよりはライトなイメージ。

> 「合コン」もミーティングを
> 使うんだね！　面白い〜

도와 주세요.
（助けてください。）

助けを求めるシーンで必ず出てくる定番表現。

（タメ口） **도와 줘.**（助けて。）

금방 갈게요.
（すぐ行きますね。）

迎えに行くときや出発する前などに、電話やメッセージでよく言う表現。

（タメ口） **금방 갈게.**（すぐ行くね。）

있잖아요.
（あのですね。）

何かを話し出す前に使われる言葉。**저기 있잖아요**のように言うことも多い。

（タメ口） **있잖아.**（あのさ。）

됐어요.
（結構です。）

冷たく断るニュアンス。断ってから続けて何か言う場合は、**됐고**（結構ですし）と言って話を続けます。

（タメ口） **됐어.**（いいから。）

어쩌죠.
（どうしましょう。）

困っているときに使われる表現。やんわりと断るシーンで枕言葉としてもよく使われる。**어떡하죠**も同じ意味。

（タメ口） **어쩌지.**（どうしよう。）

잘했어요.
（よくやりました。）

定番の褒め言葉。仕事やミッションがうまくいったときなどに使われる。

（タメ口） **잘했어.**（よくやった。）

솔직히 말해요.
（素直に言ってください。）

嘘をつかれて相手を問い詰めるシーンでよく使われる表現。**솔직**は「率直」という意味。

（タメ口） **솔직히 말해.**（素直に言って。）

끊어.
（じゃあね。）

電話を切るときによく使う定番表現。**네**（はい）や**응**（うん）と言いながら切ることも多い。

알았어요.
（わかりました。）

「了解しました」という意味もあるが、疑問形で**알았어요?**（わかりましたか？）のように相手が理解したのかどうか確認するときにも使われる。

（タメ口） **알았어.**（わかった。）

STAGE 7

DAY
61
-
DAY
70

DAY 61	〜(する)たびに 〜때마다 ············ 142
DAY 62	〜(する)つもりです 〜ㄹ/을 거예요 ·· 144
DAY 63	〜(し)ておきます 〜놔요/둬요 ······· 146
DAY 64	〜(する)か 〜지 ····················· 148
DAY 65	〜(する)ところです 〜중이에요 ····· 150
DAY 66	〜ですって? 〜니요? ················ 152
DAY 67	〜だけでなく 〜뿐만 아니라 ·········· 154
DAY 68	〜(して)死にそうです 〜죽겠어요 ·· 156
DAY 69	〜かと言うと 〜냐면 ················· 158
DAY 70	配信でよく使われる表現 ············· 160

DAY 61

あなたがこうするたびに 本当におかしくなりそう。

ニガ イロル ッテマダ ジョンマル ミチゲッソ
네가 이럴 때마다 정말 미치겠어.

---

1 こんなふうに使われる！　🔊 61-1

ニガ イロル ッテマダ ジョンマル ミチゲッソ
네가 이럴 때마다 정말 미치겠어.
（あなたがこうするたびに本当におかしくなりそう。）

ネガ ムォル オッチェンヌンデ
내가 뭘 어쨌는데? （オレが何をどうしたと？）

ジンッチャ モルラソ グレ
진짜 몰라서 그래? （本当にわからないの？）

---

2 意味を確認しよう！　🔊 61-2

「〜(する)たびに」は**이럴 때마다**（こうするたびに）のように言います。**때**は「時」、**마다**は「たびに、ごとに」という意味です。**〜때마다**（〜(する)たび に）と丸ごとインプットしておきましょう！

イ ウマグル ドゥルル ッテマダ ヌンムリ ナヨ
○ **이 음악을 들을 때마다 눈물이 나요.**
（この音楽を聞くたびに涙が出ます。）

シガニ イッスル ッテマダ サンチェグル ヘヨ
🎤 **시간이 있을 때마다 산책을 해요.** （時間があるたびに散歩をします。）

アイディオガ センガンナル ッテマダ メモルル ヘヨ
○ **아이디어가 생각날 때마다 메모를 해요.**
（アイデアが思い浮かぶたびにメモをします。）

ウウラル ッテマダ イルヌン チェギエヨ
○ **우울할 때마다 읽는 책이에요.** （憂うつになるたびに読む本です。）

👤 **네가 / 이럴 때마다 / 정말 / 미치겠어 .**

👤 **내가 / 뭘 / 어쨌는데 ?**

👤 **진짜 / 몰라서 그래 ?**

네가 (あなたが)の読み方は、本当は「ネガ」なのですが、**내가** (私が)と音が
同じなので「ニガ」と言うことがほとんどです。
미치겠어にアクセントを置き、むかつく！　という気持ちを込めて言ってみましょ
う。

4 何も見ずに、どれくらい聞き取れるか試してみよう！　🔊 61-4

✏ **ちょっと
くわしく**　　**마다を使った表現まとめ**　🔊 61-5

「～たびに」「～ごとに」という意味で、**마다**単体でもよく使われます。似ている
表現が出てくると混乱してしまいますが、どんな場面で使われるのかを想像し
ながら読むと覚えやすくなります。

○ **화요일마다 외국어 공부를 해요 .** (毎週火曜日に外国語の勉強をします。)
　　ファヨイルマダ　　ウェグゴ　　ゴンブルル　ヘヨ

🎤 **멤버마다 각자 개성이 있어요 .** (メンバーごとに各々の個性があります。)
　　メンボマダ　ガクッチャ　ゲソンイ　イッソヨ

○ **효과는 사람마다 달라요 .** (効果は人によって違います。)
　　ヒョグァヌン　サラムマダ　ダルラヨ
　➡直訳は「効果は人ごとに違います」。

○ **밤마다 조금씩 작업하고 있어요 .** (毎晩少しずつ作業をしています。)
　　パムマダ　ジョグムッシク　ジャゴパゴ　イッソヨ

DAY 62

데님팬츠를 사야 하는… デニムパンツを買うつもりです。

チョンバジ サル ッコエヨ
청바지 살 거예요.

I こんなふうに使われる！　　🔊 62-1

👤 ヨギヌン ジェガ ジョアハヌン ガゲエヨ
여기는 제가 좋아하는 가게예요.
（ここは私が好きなお店です。）

👤 グレヨ ムォ サル ッコエヨ
그래요? 뭐 살 거예요?
（そうですか？ 何を買うつもりですか？）

👤 チョンバジ サル ッコエヨ
청바지 살 거예요. （デニムパンツを買うつもりです。）

---

2 意味を確認しよう！　　🔊 62-2

意志を表す「〜（する）つもりです」は**살 거예요**（買うつもりです）のように言います。**살 겁니다**と言うと、かしこまったニュアンスになります。文脈によっては「〜（する）と思います」という推測の意味になることもあります。例えば、**눈이 올 거예요**は「雪が降るつもりです」と訳してしまうと不自然な文になるので、推測の意味で考えて「雪が降ると思います」と訳します。

○ サシルデロ ゴベカル ッコエヨ
사실대로 고백할 거예요. （ありのまま告白するつもりです。）

🎤 ゴッ ジョヒ シンゴギ ナオル ッコムニダ
곧 저희 신곡이 나올 겁니다.
（もうすぐ私たちの新曲が出ると思います。）

▶ アマ アニル ッコヤ
아마 아닐 거야. （多分違うと思う。）

> 主語が一人称・二人称でない場合は「推測」の意味になるんだ！

144

😀 여기는 / 제가 / 좋아하는 가게예요.

😀 그래요? 뭐 살 거예요?

😀 청바지 / 살 거예요.

4 何も見ずに、どれくらい聞き取れるか試してみよう！ 🔊 62-4

✏️ ちょっと
くわしく　**「推測」の表現まとめ** 🔊 62-5

日本語にも「〜だと思う」「〜しそう」「〜のようだ」「〜みたいだ」など、いろいろな推測を表す表現があるように、韓国語も状況によって、使う推測の表現が異なります。でも、初級レベルでは細かいニュアンスの違いまで覚えなくてOKです！「この表現が出てきたら推測の意味だ！」と、すぐに思考をスイッチできることが大事です。

○ **누가 있는 것 같아요.**（誰かいるようです。）
　ヌガ　インヌン　ゴッ　ガタヨ

○ **무섭겠어요.**（怖そうです。）
　ムソプケッソヨ

○ **불안해 보여요.**（不安そうに見えます。）
　プラネ　ボヨヨ

○ **비 오나 봐.**（雨降ってるみたい。）
　ビ　オナ　ボァ

○ **아닌가 봐.**（違うようだ。）
　アニンガ　ボァ

○ **괜찮을 거예요.**（大丈夫だと思います。）
　グェンチャヌル　ッコエヨ

> 推測の表現がいっぱい
> あって頭パンパン〜

DAY 63

メモしておきます。

메모해 놔요.

---

1 こんなふうに使われる！

◀) 63-1

어떻게 이런 걸 생각하세요?
（どうやってこんなことをお考えになるんですか？）

좋은 아이디어가 생각날때마다 메모해 놔요.
（良いアイデアが思い浮かぶたびにメモしておきます。）

평소에 노력을 많이 하시는군요.
（普段たくさん努力されているんですね。）

---

2 意味を確認しよう！

◀) 63-2

「～(し)ておきます」は**메모해 놔요**（メモしておきます）のように言います。
お願いする感じで言うと「メモしておいてください」という意味にもなります。
놔요の代わりに**둬요**と言うこともあります。タメ口は、最後の**요**を取って**메모해 놔**（メモしておいて）のように言います。

- 김은 항상 쟁여 놔요.（海苔はいつも買っておきます。）

- 여기에 놔 두세요.（ここに置いておいてください。）
  → 「～(し)ておいてください」の場合、**둬요／놔요**の代わりに**두세요／놓으세요**と言うとより丁寧になる。

- 시간 비워 놔.（時間空けておいて。）

(アイコン) 어떻게 / 이런 걸 / 생각하세요?

(アイコン) 좋은 아이디어가 / 생각날때마다 / 메모해 놔요.

(アイコン) 평소에 / 노력을 / 많이 / 하시는군요.

ネイティブは놔を「ナ」、뒤を「ド」と崩して言うことが多いです。真似しながら言ってみて、ネイティブの発音に慣れていきましょう。

✎ ちょっと
くわしく 「〜(し)ておきました」の表現もチェック ◀)) 63-5

過去形で「〜(し)ておきました」と言う場合は、놔や뒤のあとに「ッソ」をつけるだけでOK！ 〜놨어요／〜뒀어요となります。過去形も同じように、最後の요を取るとタメ口になります。発音を崩して「ナッソヨ」、「ドッソヨ」のように言うことが多いです。

○ 메모해 놨어요. (メモしておきました。)

○ 미리 예약해 뒀어요. (前もって予約しておきました。)

○ 비워 놨어. (空けておいた。)

過去に戻る「ッソ」を
忘れないでね！

～지 [ジ] 〜(する)か、〜のか

DAY 64 結婚するかしないか まだ考え中なんだ。

結婚할지 말지 아직 생각 중이야.
<small>ギョロナルッチ マルッチ アジク センガク ジュンイヤ</small>

| I | こんなふうに使われる！ |

◀)) 64-1

👤 **결혼 준비는 잘 하고 있어?**
<small>ギョロン ジュンビヌン ジャル ハゴ イッソ</small>
（結婚の準備はうまくいっているの？）

👤 **사실 결혼할지 말지 아직 생각 중이야.**
<small>サシル ギョロナルッチ マルッチ アジク センガク ジュンイヤ</small>
（実は結婚するかしないかまだ考え中なんだ。）

👤 **하긴 결혼은 신중히 생각해야지.**
<small>ハギン ギョロヌン シンジュンヒ センガケヤジ</small>
（たしかに結婚は慎重に考えないとね。）

| 2 | 意味を確認しよう！ |

◀)) 64-2

「〜(する)か」「〜のか」という表現は**결혼할지**（結婚するか）のように言います。DAY28のタメ口で出てきた〜**지**と同じ文字ですが、DAY28では文末にきて「〜だよね」という意味で使われていました。今回の〜**지**は「〜(する)か」「〜のか」という意味なので、文の途中で使われるのが特徴です。**말지**（やめようか）と一緒に使われることが多いです。

🎤 **어떻게 찍어야 될지 모르겠어요.**（どう撮ればいいのかわかりません。）
<small>オットケ ッチゴヤ ドェルチ モルゲッソヨ</small>

○ **살지 말지 고민 중이에요.**（買おうかやめようか悩んでいます。）
<small>サルチ マルッチ ゴミン ジュンイエヨ</small>

🎤 **1위는 누가 될지 기대해 주세요.**
<small>イリィヌン ヌガ ドェルチ ギデヘ ジュセヨ</small>
（1位は誰になるのか楽しみにしてください。）

👤 **결혼 준비는 / 잘 하고 있어?**

👤 **사실 / 결혼할지 말지 / 아직 / 생각 중이야.**

👤 **하긴 / 결혼은 / 신중히 생각해야지.**

잘 하고をつなげて「ジャラゴ」のように言うとネイティブっぽくなります。
결혼할지 말지の지は、前のパッチムの影響で「ッチ」のように少し力を入れて言うと自然です。

| 4 | 何も見ずに、どれくらい聞き取れるか試してみよう！ | 🔊 64-4 |

✏️ **ちょっと くわしく** **よく使われる〜지のパターン！** 🔊 64-5

可愛いものを見たときに、「めっちゃ可愛い！」と言うこともあれば、「可愛すぎる！」もしくは「可愛くてたまらない！」と表現することもありますよね。このように、ある感情を強調する表現にはいろいろなものがあります。〜**지**もとてもよく使われる表現の1つで、最もよく使われるパターンは**얼마나 〜지 몰라요**です。
直訳は「どれだけ〜なのかわかりません」ですが、「とても〜です」という意味でネイティブがよく使う表現です。

○ **얼마나 편한지 몰라요.**(とても楽です。)
　➡直訳は「どれだけ楽なのかわかりません」。

○ **얼마나 재밌는지 몰라요.**(とても面白いです。)
　➡直訳は「どれだけ面白いのかわかりません」。

DAY 65

今向かっているところです。

ジグム　ガゴ　インヌン　ジュンイエヨ
지금 가고 있는 중이에요.

1　こんなふうに使われる！　　　🔊) 65-1

😀 チュルバレッソヨ
출발했어요? （出発しましたか？）

😀 ジグム　ガゴ　インヌン　ジュンイエヨ
지금 가고 있는 중이에요. （今向かっているところです。）

😀 ジョシミ　オセヨ
조심히 오세요. （お気をつけて。）

2　意味を確認しよう！　　　🔊) 65-2

「〜(する)ところです」「〜中です」は**가고 있는 중이에요**（向かっていると
ころです）のように言います。**중**が「中」、**이에요**が「です」なので、直訳で
考えても覚えやすいです。

○ ジブロ　ドラオヌン　ジュンイエヨ
집으로 돌아오는 중이에요.
（家に帰っているところです。）

○ アジク　ゴルヌン　ジュンイエヨ
아직 고르는 중이에요.
（まだ選んでいるところです。）

🎤 ジグム　デギ　ジュンイムニダ
지금 대기 중입니다. （今、待機中です。）

🎤 チュリョン　ジュンイヤ
촬영 중이야. （今撮影中だよ。）
➡ VLOGやライブ配信でアイドルがよく使うフレーズ。

150

3 | あとについて言っておぼえよう！　　　🔊 65-3

👤 **출발했어요?**

👤 **지금 / 가고 있는 중이에요.**

👤 **조심히 오세요.**

있는は、文字通りの発音では「イッヌン」ですが、「インヌン」と発音することが多いです。

4 | 何も見ずに、どれくらい聞き取れるか試してみよう！　　🔊 65-4

✏️ **ちょっと　くわしく** | 学習のコツは「漢字」で覚える！　　🔊 65-5

日本語と韓国語の共通点は漢字語を使っていることです。漢字語の場合、日本語の音読みと発音が似ていることも多く、コツをつかむと単語を覚えるスピードがグンと上がっていきます。例えば、漢字語の「中」は**중**で表されますが、これを知っていると、初めて見る単語でもなんとなく意味を推測できるようになります。

○ **중간**（中間）
ジュンガン

○ **중국**（中国）
ジュングク

○ **도중**（途中）
ドジュン

○ **중심**（中心）
ジュンシム

○ **중학생**（中学生）
ジュンハクセン

> DAY53の중での중と一緒か！

151

DAY 66

カップルですって？

커플이라니요?
（コプリラニョ）

1　こんなふうに使われる！　🔊 66-1

👤 두 분 커플이세요?
（ドゥ ブン）（コプリセヨ）
（おふたり、カップルでいらっしゃいますか？）

👤 네? 커플이라니요? （はい？ カップルですって？）
（ネ）（コプリラニョ）

저희는 남매예요. （私たちは兄妹です。）
（ジョヒヌン）（ナムメエヨ）

2　意味を確認しよう！　🔊 66-2

「〜ですって？」と相手に聞き返すときは**커플이라니요?**（カップルですって？）
のように言います。「まじ？ ありえないんだけど！」というニュアンスが含まれている表現です。タメロは、最後の**요**を取って**커플이라니?**（カップルだって？）と言います。〜**니요**を縮めて〜**뇨**と言うことも多いので、一緒に覚えておきましょう！

○ 선생님이 그만두셨다니요?
（ソンセンニミ）（グマンドゥショッタニョ）
（先生がお辞めになったんですって？）

○ 사기꾼이라뇨? （詐欺師なんですって？）
（サギックニラニョ）

○ 품절이라니? （売り切れだって？）
（プムジョリラニ）

니요..니요..뇨...本当だ！
早く言うと니요가뇨になるね！

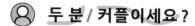

3 あとについて言っておぼえよう！ 🔊 66-3

👤 **두 분 / 커플이세요?**

👤 **네? 커플이라니요?**
저희는 / 남매예요.

커플이라니요? は「ありえないですよ！」という気持ちを込めて言ってみましょう。
저희の**희**の発音は、本当は「フィ」ですが、崩して「ヒ」のように発音すると、より自然に聞こえます。

4 何も見ずに、どれくらい聞き取れるか試してみよう！ 🔊 66-4

✏️ **ちょっと
くわしく** **うまく聞き返すフレーズ** 🔊 66-5

相手の言葉がよく聞き取れなかったときは、ためらわずに相手に聞き返してみましょう。うまく聞き返すことで、話を途切れさせずにスムーズに会話を続けることができます。

- **잘 못 들었어요.**（よく聞き取れませんでした。）
  _{ジャル モッ トゥロッソヨ}

- **다시 한번 말씀해 주세요.**（もう一度言ってください。）
  _{ダシ ハンボン マルッスメ ジュセヨ}
  ➡**죄송한데**（申し訳ございませんが）を前に添えるとより丁寧になる。
  _{ジュェソンハンデ}

- **네?**（はい?）
  _ネ
  ➡とてもよく使われる手っ取り早く聞き返すフレーズ。

- **뭐라고요?**（何ですって?）
  _{ムォラゴヨ}
  ➡掛け合いやケンカのときによく使われる表現。

DAY 67

それだけでなく、ブロックされました。

그것뿐만 아니라 차단당했어요.
（グゴップンマン　アニラ　チャダンダンヘッソヨ）

1　こんなふうに使われる！　◀)) 67-1

👤 그 이후로 전남친한테 연락 없어요?
（グ　イフロ　ジョンナムチナンテ　ヨルラク　オプソヨ）
（あれから元彼から連絡ないですか？）

👤 네. 그것뿐만 아니라 차단당했어요.
（ネ　グゴップンマン　アニラ　チャダンダンヘッソヨ）
（はい。それだけでなく、ブロックされました。）

👤 뭐라고요?（ムォラゴヨ）（何ですって？）

2　意味を確認しよう！　◀)) 67-2

「～だけでなく」は**그것뿐만 아니라**（それだけでなく）のように言います。
～**뿐만 아니라**をつなげて、「ップンマナニラ」と発音することもあるので、この発音も知っておくと聞き取りに役立ちます。

○ 노래뿐만 아니라 연기도 잘해요.（歌だけではなく演技も上手です。）
（ノレップンマン　アニラ　ヨンギド　ジャレヨ）

ファンからの差し入れにお礼をするとき

🎤 배우들뿐만 아니라 감독님, 스텝분들
（ベウドゥルップンマン　アニラ　ガムドクニム　ステプブンドゥル）
선물까지 너무 감사해요.
（ソンムルッカジ　ノム　ガムサヘヨ）
（俳優たちだけではなく監督とスタッフのみなさんへの差し入れまで本当にありがとうございます。）

3 　あとについて言っておぼえよう！　◀)) 67-3

👤 그 이후로 / 전남친한테 / 연락 없어요?

➡ **연락**は「ヨルラク」と発音するよ！

👤 네. 그것뿐만 아니라 / 차단당했어요.

> 아니라 (↗) と最後にトーンを上げよう！

👤 뭐라고요?

4 　何も見ずに、どれくらい聞き取れるか試してみよう！　◀)) 67-4

🖊 ちょっとくわしく　当하다に込められた秘密とは？　◀)) 67-5

韓国語は「〜される」のような受け身表現はあまり使わないことが特徴ですが、受け身の表現がないわけではありません。〜**당하다**がつくと受け身表現になります。ネガティブなニュアンスがあるので「なんとかダンハダ」が聞こえたら「なんか嫌なことをされたんだな」と思いながら聞いてみましょう。

○ **손절당하다**（縁を切られる）
　ソンジョルダンハダ

○ **차단당하다**（ブロックされる）
　チャダンダンハダ

○ **무시당하다**（無視される）
　ムシダンハダ

○ **읽씹당하다**（既読スルーされる）
　イクッシプダンハダ

○ **안 읽씹당하다**（未読スルーされる）
　アン　イクッシプダンハダ

　➡ **읽씹**（既読スルー）と **안 읽씹**（未読スルー）はよく使われるけど、
　　俗語だから使う場面には注意！

DAY 68

今お腹空いて死にそうです。

지금 배고파 죽겠어요.
<small>ジグム　ベゴパ　ジュッケッソヨ</small>

1　こんなふうに使われる！　◀) 68-1

🗨 밥 먹었어요? <small>バプ　モゴッソヨ</small> （ご飯食べましたか？）

🗨 아침부터 아무것도 못 먹어서 지금 배고파 죽겠어요.
<small>アチムブト　　アムゴット　　モン　モゴソ　　ジグム　　ベゴパ　　ジュッケッソヨ</small>
（朝から何も食べていなくて、今お腹空いて死にそうです。）

🗨 얼른 드세요. <small>オルルン　ドゥセヨ</small> （すぐに召し上がってください。）

2　意味を確認しよう！　◀) 68-2

「〜(して) 死にそうです」は**배고파 죽겠어요**（お腹空いて死にそうです）のように言います。「死にそう」という訳のせいで深刻に聞こえるかもしれませんが、「〜(して)たまらない」「〜(して)しようがない」のようなニュアンスで、カジュアルに使われる表現です。

○ 최애가 보고 싶어 죽겠어요. <small>チェエガ　ボゴ　シボ　ジュッケッソヨ</small> （推しに会いたくて死にそうです。）

○ 옆집이 시끄러워 죽겠어요. <small>ヨプジビ　シックロウォ　ジュッケッソ</small> （隣の部屋がうるさくてたまらないです。）

○ 침대가 불편해 죽겠어. <small>チムデガ　ブルピョネ　ジュッケッソ</small> （ベッドが不便でしようがない。）

○ 짜증나 죽겠어. <small>ッチャジュンナ　ジュッケッソ</small> （ムカついてたまらない。）
　➡「めっちゃムカつく」というニュアンスがある。

👤 **밥 먹었어요 ?**

➡️ 밥は「パン」と発音すると自然だよ！

👤 **아침부터 / 아무것도 못 먹어서 /**

지금 / 배고파 죽겠어요 .

👤 **얼른 드세요 .**

아무것도と**배고파 죽겠어요**にアクセントを置いて言ってみましょう。

얼른 드세요は、心の中で「どうぞ」という気持ちを込めると伝わりやすいです。

4　何も見ずに、どれくらい聞き取れるか試してみよう！　🔊 68-4

🖊 ちょっと　**밥 먹었어요 ? の本当の意味**　🔊 68-5
くわしく

韓国ドラマやアーティストのSNSを見ると**밥 먹었어요?**（ご飯食べましたか？）
という質問がよく飛び交っていませんか？　これは食事を済ませたかどうかを聞
くのが目的ではなく、韓国人ならではのあいさつなのです。「なんでこんなにご
飯のことを聞くんだろう？」と思わずに、あいさつとしてとらえてみてください！
このあいさつに対する返事は次のように言います。

○ **아뇨. 아직이요.**（いいえ。まだです。）
　 アニョ　　 アジギヨ

○ **네. 먹었어요.**（はい。食べました。）
　 ネ　　モゴッソヨ

➡️ 続けて○○**씨는요?**（○○さんは？）と聞き返すことが多い。
　　　　　　 ッシヌンニョ

○ **뭐 먹었어요?**（何を食べましたか？）
　 ムォ　モゴッソヨ

DAY 69

何かと言うと香水です。

ムォニャミョン　　バロ　　　ヒャンスエヨ
뭐냐면 바로 향수예요.

1　こんなふうに使われる！　　🔊 69-1

ヨジュム　ジャジュ　ッスヌン　チェエテム　イッソヨ
요즘 자주 쓰는 최애템 있어요?
（最近よく使うお気に入りのアイテムってありますか？）

ボヨ　　ジュルッカヨ
보여 줄까요? （見せてあげましょうか？）

ムォニャミョン　　バロ　　　ヒャンスエヨ
뭐냐면 바로 향수예요. （何かと言うと香水です。）

2　意味を確認しよう！　　🔊 69-2

「〜かと言うと」は**뭐냐면**（何かと言うと）のように言います。**냐**は「〜のか？」という疑問の意味で、**면**は「〜と」という仮定の意味。**이건 뭐냐**（これは何なのか）のように**냐**だけ言うこともあります。よく一緒に使う言葉は「まさに」という意味の**바로**です。ただ、「まさに」と直訳すると不自然なことが多いので、あえて訳さず、「強調してるんだな」ととらえておきましょう。

○ オットケ　グ　イヤギルル　アニャミョン　ソムヌル　ドゥロッコドゥン
어떻게 그 이야기를 아냐면 소문을 들었거든.
（どうしてその話を知っているのかと言うと、噂を聞いたんだよ。）

○ ボミニ　　ヌグニャ　　バロ　イ　サラミヤ
범인이 누구냐? 바로 이 사람이야!
（犯人が誰なのか？（と言うと）この人だよ！）

> 바로は強調するニュアンスで考えよう！

◀) 69-3

👤 요즘 / 자주 쓰는 최애템 / 있어요?

👤 보여 줄까요?
뭐냐면 / 바로 / 향수예요.

줄까요? は、「ジュッカヨ」のように発音することもあります。

4　何も見ずに、どれくらい聞き取れるか試してみよう！ ◀) 69-4

✎ ちょっと
くわしく　**買い物に関する韓国語あるある** ◀) 69-5

買い物に関する言葉は、新しく生まれたものが多く、辞書に載っていないもの
も多いです。聞き取りの際に困ることもあるので、よく使う単語と新しい言葉
をまとめてチェックしておきましょう！

○ **최애템** (お気に入りのアイテム)
チェエテム
　➡**최애** (最愛)＋**템** (アイテム)。**템**は**아이템** (アイテム) の略。
　　　　　　　　　　　　　　　アイテム

○ **득템** (お得なアイテム)
ドゥクテム
　➡**득** (お得)＋**템** (アイテム)。

○ **내돈내산** (自腹)
ネドンネサン
　➡**내돈** (私のお金)＋**내산** (私が買った)。

○ **언박싱** (新しく購入したものを開封すること)
オンバクシン
　➡unboxingのハングル表記。

○ **리뷰** (レビュー、感想、口コミ)
リビュ

오랜만입니다.
_{オレンマニムニダ}
（お久しぶりです。）

久しぶりにライブ配信をするときに、あいさつで言う言葉。同じ意味の**오랜만이에요.**を使うこともある。

잠시만요.
_{ジャムシマンニョ}
（ちょっと待ってください。）

カメラの角度を調整したり、何かの用で視聴者に少し待っていてもらうときによく使う。同じ意味の**잠깐만요.**と言うこともある。

라이브를 켰습니다.
_{ライブルル} _{キョッスムニダ}
（ライブをつけました。）

話したいことがあったり、ライブをつけた理由を話したりするときによく使う。理由を言ったあとに「（それで）**라이브를 켰습니다**」のように言う。

지금 일본에 있어요.
_{ジグム} _{イルボネ} _{イッソヨ}
（今、日本にいます。）

海外スケジュールの際にライブ配信をするときによく使う表現。アメリカにいる場合は**미국에**（アメリカに）、中国にいる場合は**중국에**（中国に）になる。

잘 들리시나요?
_{ジャル} _{ドゥルリシナヨ}
（よく聞こえますか？）

ライブ配信をつけて音質をチェックするときに使う表現。

댓글 읽어 볼게요.
_{デックル} _{イルゴ} _{ボルッケヨ}
（コメントを読んでみますね。）

ライブ配信中にコメントを集中的に読む前に添えるひと言。

오늘은 냉면을 먹었어요.
_{オヌルン} _{ネンミョヌル} _{モゴッソヨ}
（今日は冷麺を食べました。）

ライブ配信中に、コメントで何を食べたのか聞くファンの質問に答える表現。

무슨 노래 듣고 싶어요?
_{ムスン} _{ノレ} _{ドゥッコ} _{シポヨ}
（何の歌が聞きたいですか？）

ライブ配信で歌を流すときや、歌を歌う前などに何の曲がいいかファンに質問するときに使われる。

갈게요.
_{ガルッケヨ}
（帰りますね。）

ライブ配信を切る前によく使うあいさつ。少し崩して「ガッケヨ」のように言う人もいる。

STAGE 8

DAY71	～ということで　～기 때문에	162
DAY72	～なんです　～답니다	164
DAY73	～(して)いて　～다가	166
DAY74	～(する)価値があります　～ㄹ/을 만해요	168
DAY75	～(する)こともあるし　～기도 하고	170
DAY76	～(し)ようかやめようか　～ㄹ/을까 말까	172
DAY77	～(する)はずですよ　～ㄹ/을걸요	174
DAY78	～(する)はずなのに　～ㄹ/을 텐데	176
DAY79	～申し上げます　～드립니다/드려요	178
DAY80	VLOGでよく使われる表現	180

DAY 71

撮影があるということで

촬영이 있기 때문에
(チュアリョンイ イッキ ッテムネ)

Ⅰ こんなふうに使われる！ VLOG / ライブ後、ホテルで

🔊 71-1

🧑 **원래 늦게 자는데요.**
ウォルレ ヌッケ ジャヌンデヨ
（もともと遅く寝ますが。）

내일 아침에 촬영이 있기 때문에 오늘은 일찍
ネイル アチメ チュアリョンイ イッキ ッテムネ オヌルン イルッチク

자도록 하겠습니다.
ジャドロク ハゲッスムニダ
（明日の朝、撮影があるということで今日は早く寝ようと思います。）

---

2 意味を確認しよう！

🔊 71-2

「～ということで」「～なので」は**있기 때문에**（あるということで）のように言います。DAY16の～**서**（～なので）よりもかしこまった**ニュアンス**なので、日常会話よりはニュースや会議などの公的な場で使われることがほとんどです。

○ **뜨겁기 때문에 조심해야 돼요.**（熱いので気をつけないといけません。）
ットゥゴプギ ッテムネ ジョシメヤ ドェヨ

○ **익숙하기 때문에 괜찮습니다.**（慣れているので大丈夫です。）
イクスカギ ッテムネ グェンチャンスムニダ

○ **시간이 없기 때문에 빨리 가 보겠습니다.**
シガニ オプギ ッテムネ ッパルリ ガ ボゲッスムニダ
（時間がないので早く行ってみます。）

> 文字数が長くなるとかしこまった感じになるね！

👤 원래 / 늦게 자는데요 .
　　데요 (↗) とトーンを上げよう！

내일 아침에 / 촬영이 있기 때문에 / 오늘은 / 일찍 /

자도록 하겠습니다 .

➡ **촬영**は、少し崩して「チャリョン」と言うこともあるよ！

文が長いときは、区切る**タイミング**がとても大事です。**때문에**のあとで少し止めて言ってみると自然です。

4 　何も見ずに、どれくらい聞き取れるか試してみよう！ 　🔊 71-4

✏ ちょっと
くわしく 　何かのせいにするときは「**때문에**」 ツテムネ 　🔊 71-5

〜**기 때문에**（〜ということで）の**기**を抜くと意味が変わってしまうので、気をつけましょう。**때문에**と言うと「〜のせいで」「〜のために」という意味になります。例えば、**너 때문에**は「君のせいで」という意味になります。

○ 　**건강 때문에 영양제를 먹고 있어요 .**
　　　ゴンガン　ツテムネ　ヨンヤンジェルル　モッコ　イッソヨ
　（健康のためにサプリメントを飲んでいます。）

　너 때문에ってドラマとか
　歌詞で聞いたことある！

○ 　**햇빛 때문에 눈부셔요 .**
　　　ヘッピッ　ツテムネ　ヌンブショヨ
　（日差しのせいでまぶしいです。）

○ 　**일 때문에 못 잤어요 .** （仕事のせいで寝れませんでした。）
　　　イル　ツテムネ　モッ　ジャッソヨ

○ 　**감기 때문에 목이 아파요 .** （風邪のせいでノドが痛いです。）
　　　ガムギ　ツテムネ　モギ　アパヨ

DAY 72

一生懸命練習しているんです。

ヨルシミ　ヨンスブル　ハゴ　イッタムニダ
열심히 연습을 하고 있답니다.

---

1 こんなふうに使われる！　　VLOG / ダンス練習後　🔊 72-1

ッタメ　　ジョロッソヨ
🧑 **땀에 절었어요.**（汗だくになりました。）

イロケ　ジョヒガ　ヨルシミ　ヨンスブル　ハゴ　イッタムニダ
이렇게 저희가 열심히 연습을 하고 있답니다.
（こんなに私たちが一生懸命練習しているんです。）

---

2 意味を確認しよう！　　🔊 72-2

「〜なんです」は**연습을 하고 있답니다**（練習しているんです）のように言います。自分が知っていることを相手に優しく教えてあげるときによく使われます。DAY59の〜**거든요**も「〜なんですよ」という意味ですが、〜**답니다**は日常会話よりもオフィシャルな場面でよく使われます。VLOGやライブ配信で、アーティストが自分の日課や近況を話す場面でよく耳にします。

ミュジク　ビディオ　チュアリョンウル　ハゴ　イッタムニダ
🎤 **뮤직 비디오 촬영을 하고 있답니다.**
（ミュージックビデオ撮影をしているんです。）

メイル　アチム　コピルル　マシンダムニダ
○ **매일 아침 커피를 마신답니다.**（毎朝コーヒーを飲むんです。）

オレ　オレ　ヘンボカゲ　サラッタムニダ
▶ **오래 오래 행복하게 살았답니다.**（末永く幸せに暮らしました。）
➡童話やドラマの最後に出てくる定番表現。

ジェガ　ジャジュ　イムヌン　オシラムニダ
○ **제가 자주 입는 옷이랍니다.**（私がよく着る服なんです。）
➡「名詞＋なんです」の場合は、〜**랍니다**と言う。

🧑 **땀에 절었어요.**

이렇게 저희가 / 열심히 / 연습을 하고 있답니다.

땀에の**땀**は「まったり」の「った」の音と似ています。
절었어요は、少し力強く「ッチョロッソヨ」と言うことも多いです。ちなみに、
절었어요はスラングで、「すごかった」という意味もあります。
열심히にアクセントを置いて言ってみましょう。

✏️ ちょっと くわしく　　**〜답니다の隠れたニュアンス！** 🔊 72-5

〜답니다には「〜なんですよね。すごいでしょ？ えらいでしょう？」のような、少し自慢げなニュアンスがあります。このような微妙なニュアンスを知っておくと、聞き取りの質がグッと上がりますよ。

○ ハンサン　イロケ　　ノリョカンダムニダ
항상 이렇게 노력한답니다.
（いつもこんなに努力してるんです。）

🎤 ジョエゲン　メムボドゥリ　ジョンマル　ソジュンハダムニダ
저에겐 멤버들이 정말 소중하답니다.
（私にとってメンバーたちは本当に大事なんです。）

○ ジェガ　ジェイル　ジョアハヌン　グァジャランミダ
제가 제일 좋아하는 과자랍니다.
（私が一番好きなお菓子なんです。）
➡ **과자**は名詞だから**랍니다**を使う。

> 답니다は〜다고 합니다、
> 랍니다는〜라고 합니다の略なんだ！

DAY 73

携帯をちょっと切って
つけ直しました。

ポヌル ジャムッカン ッコッタガ ダシ キョッスムニダ
폰을 잠깐 껐다가 다시 켰습니다.

---

1 こんなふうに使われる！　　ライブ配信で　　◀)) 73-1

ミアネヨ ヨロブン
미안해요. 여러분.（ごめんなさい。みなさん。）

ワイパイガ アン ドェソ ポヌル ジャムッカン ッコッタガ ダシ
와이파이가 안 돼서 폰을 잠깐 껐다가 다시

キョッスムニダ
켰습니다.
（Wi-Fiがだめで携帯をちょっと切ってつけ直しました。）

マニ ノルラショッジョ
많이 놀라셨죠?（すごく驚かれたでしょ?）

---

2 意味を確認しよう！　　◀)) 73-2

「〜(して)いて」「〜(する)途中で」は**껐다가**（切って）のように言います。
ある行動や状態が途中で切り替わるときによく使われます。「〜ダガ」が聞
こえたら、「なんか違う行動や状況になるんだな！」と考えましょう。
また、**많이 놀라셨죠?**（すごく驚かれたでしょ?）は、「驚かせてすみません」
という気持ちが込もった韓国式の言い回しです。

ハヌリ フリョッタガ ガプジャギ マルガジョッソヨ
◉ **하늘이 흐렸다가 갑자기 맑아졌어요.**
（空が曇っていて、急に晴れてきました。）

ノレルル ジャル ブルダガ ッピクサリガ ナッソヨ
🎤 **노래를 잘 부르다가 삑사리가 났어요.**
（歌を上手に歌っていたのに声が裏返りました。）
➡ 文脈によっては「〜のに」「〜だが」と訳すこともある。

😀 미안해요. 여러분.

와이파이가 안 돼서 / 폰을 / 잠깐 껐다가 / 다시

켰습니다.

많이 놀라셨죠?

많이 놀라셨죠?は「ごめんなさい」という気持ちを込めて言ってみましょう。

4 何も見ずに、どれくらい聞き取れるか試してみよう！ ◀) 73-4

✏ ちょっと くわしく **다시のいろいろなニュアンス** ◀) 73-5

다시は「また」「再び」という意味ですが、「〜し直す」と訳すほうが自然なことも
あります。例えば、**다시 봤어요**は「また見ました」という意味ですが、人に対
して言うと「(あなたのこと) 見直しました」という意味になったりもします。シチュ
エーションに合わせて、自然なニュアンスで理解しましょう！

○ **다시 할게요.**
　　　ダシ　　ハルッケヨ
　(やり直しますね。)

○ **밥 한 번 더 다시 데울까?**
　　パプ　ハン　ボン　ド　ダシ　デウルッカ
　(ご飯をもう一度温め直そうか？)

○ **다시 생각해 봐.**
　　ダシ　センガケ　ボァ
　(考え直して。)

○ **나중에 다시 전화할게요.**
　　ナジュンエ　ダシ　ジョヌァハルッケヨ
　(あとで電話し直します。)

これがネイティブ脳
になるコツか！

DAY 74

食べられそうですか？

モグル　マネヨ
먹을 만해요?

1　こんなふうに使われる！　　バラエティ番組 / 料理を出して

◀) 74-1

オッテヨ　モグル　マネヨ
어때요? 먹을 만해요?
（どうですか？ 食べられそうですか？）

モグル　マナンデ　ムォンガ　ブジョカンデ
먹을 만한데 뭔가 부족한데 …
（食べられそうだけど、何かが足りないな…）

ムォガ　ブジョカン　ゴジ
뭐가 부족한 거지? （何が足りないんだろう？）

2　意味を確認しよう！

◀) 74-2

「～（する）価値があります」「～にほどよいです」は～ㄹ／을 만해요を使いますが、少し注意が必要です。例文の먹을 만해요?を「食べる価値がありますか？」と直訳すると不自然ですよね。意訳して「食べられそうですか？」のようなニュアンスでとらえると、自然に訳すことができます。

○ イ　ジョンドヌン　ハル　マネヨ
이 정도는 할 만해요.
（このぐらいはやるのにほどよいです。）
➡ 意訳して「やれそうです」「大丈夫です」とも訳せる。

○ センガッポダ　チャムル　マナダ
생각보다 참을 만하다.
（思ったよりガマンするのにほどよいです。）
➡ 意訳して「ガマンできそう」とも訳せる。

👤 **어때요? 먹을 만해요?** 　만해요 (↗) とトーンを上げよう！

👤 **먹을 만한데 / 뭔가 / 부족한데 …**
뭔가 / 부족한 거지?

부족한は1文字ずつ読むと「ブ ジョク ハン」ですが、つなげて「ブジョカン」と
発音します。

✎ ちょっと
くわしく　　**いろんな意味がある「만」**　　◀) 74-5

만には「〜だけ」や「〜ばかり」のほかにも「万」や「満」という意味もあります。
そのため、どの意味なのかは前後の言葉で判断する必要があります。

▶ **오랜만이에요.** (お久しぶりです。)
　オレンマニエヨ

○ **한 입만 줘.** (ひと口だけちょうだい。)
　ハン　ニムマン　ジュォ

○ **만 원만 빌려 주세요.**
　マヌォンマン　ビルリョ　ジュセヨ
　(1万ウォンだけ貸してください。)

○ **만 30살이에요.** (満30歳です。)
　マン　ソルンサリエヨ

> 뿐만 아니라 (〜だけではなく) の
> 만は「だけ」だったのか！

DAY 75

心配なこともあるし、緊張もしますが楽しみです。

걱정되기도 하고 긴장도 되지만 기대돼요.
（ゴッチョンドェギド　ハゴ　ギンジャンド　ドェジマン　ギデドェヨ）

1　こんなふうに使われる！　　インタビューで　　◀)) 75-1

😊 오랜만에 컴백이라 걱정되기도 하고 긴장도
（オレンマネ　コムベギラ　ゴッチョンドェギド　ハゴ　ギンジャンド）

되지만 기대돼요.
（ドェジマン　ギデドェヨ）

（久しぶりのカムバックで心配なこともあるし、緊張もしますが楽しみです。）

2　意味を確認しよう！　　◀)) 75-2

「～(する)こともあるし」は **걱정되기도 하고**（心配なこともあるし）のように言います。意訳して「心配したり」や「心配でもあるし」と訳されることもあります。

🎙 월드 투어가 끝나니까 아쉽기도 하고, 뿌듯하기도 하네요.
（ウォルドゥ　トゥオガ　ックンナニッカ　アスィッキド　ハゴ　ップドゥタギド　ハネヨ）
（ワールドツアーが終わると残念でもあるし、胸がいっぱいになったりもしますね。）

🎙 스케줄이 없을 때는 외출하기도 하고 집에 있기도 해요.
（スケジュリ　オプスル　ッテヌン　ウェチュラギド　ハゴ　ジベ　イッキド　ヘヨ）
（スケジュールがないときは外出することもあるし、家にいることもあります。）

→ **～기도 하고 … 기도 해요**（～こともあるし、…こともあります）のパターンでよく使われる。

○ 드라마 내용이 재밌기도 하고 슬프기도 해요.
（ドゥラマ　ネヨンイ　ジェミッキド　ハゴ　スルプギド　ヘヨ）
（ドラマの内容が面白いし、悲しくもあります。）

오랜만에 컴백이라 / 걱정되기도 하고 / 긴장도 되지만 / 기대돼요.

> 되지만（↗）と最後に少しトーンを上げよう！

1つの文をひと息ですべて言ってしまうと、言いたいことがきちんと伝わらない場合があります。スラッシュのところで少し止めるように意識しながら言ってみましょう。

4 何も見ずに、どれくらい聞き取れるか試してみよう！　🔊 75-4

> ✎ ちょっと
> くわしく **大事なことの前によく使う表現まとめ**　🔊 75-5

大事なことがあると、心配したり緊張したりもしますが、逆にワクワクすることもありますよね！ 状況によっていろいろな感情が湧くかと思いますが、そんなときによく使う韓国語を紹介します。

- **걱정돼요.**（心配です。）
  ゴッチョンドェヨ

- **긴장돼요.**（緊張します。）
  ギンジャンドェヨ

- **떨려요.**（（緊張して）震えます。）
  ットルリョヨ

- **설레요.**（ワクワクします。）
  ソルレヨ

- **두근거려요.**（ドキドキします。）
  ドゥグンゴリョヨ

- **심장이 터질 것 같아요.**（心臓が爆発しそうです。）
  シムジャンイ トジル ゴッ ガタヨ

めっちゃ緊張して
震えるぅ〜
そう？

DAY 76

髪を伸ばそうかやめようか？

머리 기를까 말까?
_{モリ　ギルルッカ　マルッカ}

1　こんなふうに使われる！　　ライブ配信で　　🔊 76-1

요즘 머리 자를까 말까 고민 중이야.
_{ヨジュム　モリ　ジャルルッカ　マルッカ　ゴミン　ジュンイヤ}
（最近髪を切ろうかやめようか悩んでいるよ。）

머리 기를까 말까? （髪を伸ばそうかやめようか？）
_{モリ　ギルルッカ　マルッカ}

어떻게 생각해? （どう思う？）
_{オットケ　センガケ}

2　意味を確認しよう！　　🔊 76-2

「～（し）ようかやめようか」は**머리 기를까 말까?**（髪を伸ばそうかやめよう
か？）のように言います。**머리 자를까 말까 고민 중이야**（髪を切ろうかや
めようか悩んでいるよ）の**자를까 말까**の代わりに**자를지 말지**と言っても同
じ意味になります。

🎤 **스포 할까? 말까?**（ネタバレしようか？ やめようか？）
_{スポ　ハルッカ　マルッカ}

🎤 **힌트 줄까 말까?**（ヒントあげようかやめようか？）
_{ヒントゥ　ジュルッカ　マルッカ}

🎤 **셀카 올릴까 말까?**（自撮りアップしようかやめようか？）
_{セルカ　オルリルッカ　マルッカ}

🎤 **필터 할까? 말까?**（フィルターしようか？ やめようか？）
_{ピルト　ハルッカ　マルッカ}
➡アイドルのライブ配信でよく聞くフレーズ。

👤 요즘 / 머리 / 자를까 말까 / 고민 중이야.

머리 / 기를까 말까 ?

어떻게 생각해 ?

> ～를까（↘）말까（↗）とイントネーションを
> 意識しよう！

자를や**기를**の「**를**」のところで音を伸ばさないように注意しましょう。韓国語は、1つ1つの文字を同じ長さで言うときれいに聞こえます。コツをつかむために、「1文字あたり、拍手1回」のリズムを意識して、拍手をしながら言う練習をしてみるといいですよ。

📝 **ちょっと
くわしく**　　**前髪のあるなしで推しの呼び方が変わる？**

🔊 76-5

「前髪のあるなし」だけでイメージがガラッと変わることから、前髪のあるなしで推しの呼び方を変えたりします。

前髪なしの推しの呼び方

○ **깐**〔ッカン〕 ○○（前髪なし○○）

　➡**깐**は「剝く」という意味の**까다**〔ッカダ〕からきている。

　　○○に推しの名前を入れよう。

前髪ありの推しの呼び方

○ **덮**〔トプ〕 ○○（前髪あり○○）

　➡**덮**は「覆う」という意味の**덮다**〔トプタ〕からきている。

　　○○に推しの名前を入れよう。

> 「깐지민 vs 덮지민」って
> ファン同士で話してた！

DAY 77

びっくりするはずですよ。

ッカムッチャク ノルラルッコルリョ
깜짝 놀랄걸요.

| I | こんなふうに使われる！ | ライブ配信で | 🔊 77-1 |

ドゥッコ　シプン　ノレ　イッソヨ
듣고 싶은 노래 있어요?（聞きたい歌、ありますか？）

オプスミョン　イ　ノレ　トゥルッケヨ
없으면 이 노래 틀게요.（なかったらこの歌を流しますね。）

アマ　イ　ノレ　ドゥルミョン　ッカムッチャク　ノルラルッコルリョ
아마 이 노래 들으면 깜짝 놀랄걸요.
（おそらくこの歌を聞いたらびっくりするはずですよ。）

| 2 | 意味を確認しよう！ | 🔊 77-2 |

「～(する)はずですよ」「～と思いますよ」は**깜짝 놀랄걸요**（びっくりするは
ずですよ）のように言います。特に根拠もなく、勝手に推測するニュアンス
があり、「きっとそうだと思うよ！ 知らんけど」のようなイメージでよく使われ
ます。ちなみに、**놀랄걸요**だけでも「驚くはずですよ」という意味ですが、
깜짝 놀랄걸요と言うとより強い驚きを表します。

フフェハシルッコルリョ
○ **후회하실걸요?**（後悔されるはずですよ？）

アマ　グロルッコルリョ
○ **아마 그럴걸요.**（多分そうだと思いますよ。）

クゴン　アニルッコル
○ **그건 아닐걸?**（それはないはずだよ？）

ヨギソ　ジョム　モルッコル
○ **여기서 좀 멀걸.**
（ここからちょっと遠いと思う。）

> ちなみに깜짝이야！は
> 「びっくりした！」という
> 意味だよ

듣고 싶은 노래 / 있어요? 〈 듣고 싶은 노래는 ひと息でつなげて！

없으면 / 이 노래 / 틀게요.

아마 / 이 노래 들으면 / 깜짝 놀랄걸요.

깜짝 놀랄걸요は**깜짝**にアクセントを置いて言ってみましょう。

ㄹパッチムは、舌を巻かないように注意しながら、舌先を上の歯茎に軽くつけて発音するのがコツです。「ラ」と言うときに舌先がつく場所です。**놀**は「ノ」を言いながら、**랄**は「ラ」を言いながら、**걸**は「ゴ」を言いながら舌先をつけるだけでOKです。

～걸요は「ッコリョ」ではなく「ッコルリョ」と発音することが多いです。

🖉 ちょっと くわしく 歌詞に出てくる「～걸요」はちょっと違う意味

◀)) 77-5

～걸요には「～なものを、～なことを」という意味もあります。最後の**요**を取って、**～걸**（ゴル）とタメ口で言うと「～だもん」という感じです。例えば、**이런 기분은 처음인걸**（イロン ギブヌン チョウミンゴル）と言うと「こんな気分は初めてだもん」という意味になります。歌詞やマンガによく出てくる表現ではありますが、日常会話ではほとんど使われません。日常会話では、**걸**の代わりに**이런 기분은 처음이야**（イロン ギブヌン チョウミヤ）（こんな気分は初めて）のように言います。

DAY 78 今回失敗したら大変なことになるはずなのにどうしよう？

イボネ　シルペハミョン　クニルナル　テンデ　オッチョジ
이번에 실패하면 큰일날 텐데 어쩌지?

I　こんなふうに使われる！　バラエティ番組で　◀)) 78-1

イボネ　シルペハミョン　クニルナル　テンデ　オッチョジ
이번에 실패하면 큰일날 텐데 어쩌지?
（今回失敗したら大変なことになるはずなのにどうしよう？）

アニャ　ハル　ス　イッソ
아냐. 할 수 있어! （いや。できる！）

ジプッチュンヘ　ガジャ
집중해! 가자! （集中して！ 行くぞ！）

2　意味を確認しよう！　◀)) 78-2

「〜（する）はずなのに」は**큰일날 텐데**（大変になるはずなのに）のように言います。推測したり、心配するシーンでよく使われる定番表現です。そしてもう1つ、後悔の意味もあり、**그랬으면 더 좋았을 텐데**（そうしていたらもっとよかったのにな）のようにも使われます。

ジグムッチュミミョン　チャ　ミルリル　テンデ
○ **지금쯤이면 차 밀릴 텐데?** （今ごろだと車混むはずなのに？）

イゴ　ジンッチャ　オリョウル　テンデ　ムンジェ　ネルッケヨ
🎤 **이거 진짜 어려울 텐데 문제 낼게요.**
（これめっちゃ難しいはずだけど問題出しますね。）

リホソル　ジャル　ヘヤ　ドェル　テンデ
🎤 **리허설 잘 해야 될 텐데 …**
（リハーサルうまくやらないといけないのにな…）
➡ 心配しているニュアンス。

> 文脈で、推測・心配・後悔のどれなのか考えてみよう！

👤 **이번에 실패하면 / 큰일날 텐데 / 어쩌지?**

➡ **실패**と**큰일**にアクセントを置いて言ってみよう！

👤 **아냐. 할 수 있어!**
집중해! 가자!

➡ **집중**の**중**は「ジプッチュン」と少し力強く発音しよう！

어쩌지? は「どうしよう」と心配する気持ちを込めて言ってみましょう。眉毛を八の字にすると感情を込めやすいですよ。

4 | 何も見ずに、どれくらい聞き取れるか試してみよう！   🔊 78-4

✏ **ちょっと くわしく**　**気合いを入れるときに使う表現**   🔊 78-5

「よっしゃ！」「行くぞ！」のように気合いを入れるときによく使う表現を紹介します。音に慣れることで聞き取れることが増えてきますので、実際に声に出して言ってみてください。

○ **가즈아!** （行くぞ！）
　　　　_{ガズア}
➡ 日本語でも「行くぞ」を「行くぞぉ」などと言うように、**가자**をあえて**가즈아**と言う。

○ **얍!** （やっ！）
　　_{ヤプ}

○ **좋았어!** （よっしゃ！）
　　　　_{ジョアッソ}

○ **아자!** （よし！）
　　_{アジャ}
➡ **아자! 아자!** のように2回くり返して言うこともある。

DAY 79

ファンのみなさん、大変感謝申し上げます。

ペンブンドゥル ノム カムサドゥリムニダ
팬분들 너무 감사드립니다.

| 1 | こんなふうに使われる！ | 授賞式で | ◀)) 79-1 |

🧑 モンジョ ピディニム デピョニム ジョンマル ガムサドゥリゴヨ
먼저 피디님, 대표님 정말 감사드리고요.
（まずプロデューサーと代表に大変感謝申し上げます。）

グリゴ ハンサン ウンウォネ ジュヌン ペンブンドゥル ノム
그리고 항상 응원해 주는 팬분들 너무

ガムサドゥリムニダ
감사드립니다.
（そしていつも応援してくださるファンのみなさん、
大変感謝申し上げます。）

アプロ ド ヨルシミ ハゲッスムニダ
앞으로 더 열심히 하겠습니다.
（これからもっと頑張ります。）

| 2 | 意味を確認しよう！ | ◀)) 79-2 |

丁寧な表現の「〜申し上げます」「〜差し上げます」は**감사드립니다**（感謝
申し上げます）のように言います。「〜いたします」「〜させていただきます」
のように意訳されることも多いです。例えば、**전해드립니다**の場合、「お
伝えいたします」と訳すと自然です。

🗣 ジャル ブタクドゥリムニダ
잘 부탁드립니다.（よろしくお願いします。）
➡ ジャル ブッタケヨ **잘 부탁해요**より丁寧な表現。

🗣 チュカドゥリムニダ
축하드립니다.（おめでとうございます。）
➡ チュカヘヨ **축하해요**よりかしこまった表現。

먼저 / 피디님, 대표님 / 정말 / 감사드리고요.
그리고 / 항상 / 응원해 주는 팬분들 / 너무 /
감사드립니다.
앞으로 / 더 열심히 / 하겠습니다.

賞をもらったことを想像しながらうれしい気持ちを込めて言ってみましょう。
드립니다の発音は「ドゥリムニダ」ですが、「ム」の音が強く入らないように注意しましょう。崩して「ドゥリンミダ」のように言うとネイティブっぽく聞こえます。

4 　何も見ずに、どれくらい聞き取れるか試してみよう！ 　🔊 79-4

✏ちょっと
くわしく 　**드립니다の応用パターンをチェックしよう！**

🔊 79-5

「드립니다＝差し上げます」だけを覚えるのではなく、「差し上げて」「差し上げましょうか？」「差し上げますね」など、いろいろなバリエーションを知っておくと、聞き取りにとても役立ちます。

🎤 **우선 감독님께 감사의 말씀드리고요 …**
ウソン　　ガムドンニムッケ　ガムサエ　　マルッスムドゥリゴヨ
（まず監督に感謝の言葉を申し上げます（そして …））

➡話がまだ続くときは드립니다ではなく드리고요と言う。

○ **추천해 드릴까요?** （おすすめしましょうか？）
チュチョネ　ドゥリルッカヨ

🎤 **신곡 들려 드리겠습니다.** （新曲をお聞かせしますね。）
シンゴク　ドゥルリョ　ドゥリゲッスムニダ

🎤 **멋진 무대 많이 보여 드릴게요.** （素敵なステージをたくさんお見せしますね。）
モッチン　ムデ　マニ　ボヨ　ドゥリルッケヨ

179

VLOGでよく使われる表現

◀》 80-1

공항에 가고
_{ゴンハンエ ガゴ}
있습니다.
_{イッスムニダ}
（空港に向かっています。）

海外に行くVLOGの最初によく言う表現。**가고 있습니다**
の代わりに**가고 있어요**を使うことも多い。

호텔에
_{ホテレ}
도착했습니다.
_{ドチャケッスムニダ}
（ホテルに着きました。）

ホテルに着いたら言う表現。**도착했습니다**の代わりに
도착했어요を使うこともある。

보여 줄게요.
_{ボヨ ジュルッケヨ}
（お見せしますね。）

泊まる部屋や持ち物などを紹介するときに使う表現。より
丁寧に言うときは**보여 드릴게요**を使う。

챙겨왔습니다.
_{チェンギョワッスムニダ}
（持ってきました。）

カバンの中身を紹介するときによく使う表現。同じ意味の
가져왔습니다を使うことも多い。

날씨가 좋아요.
_{ナルッシガ ジョアヨ}
（天気がいいです。）

좋아요の代わりに**좋습니다**と言うと、よりかしこまった表現
になる。

마음에 들어요.
_{マウメ ドゥロヨ}
（お気に入りです。）

買い物に行ったときや、買ったものを紹介するときによく使
う表現。**들어요**の代わりに**듭니다**を使ったりもする。

가고 싶은 곳이
_{ガゴ シプン ゴシ}
있거든요.
_{イッコドゥンニョ}
（行きたいところがあるんですよ。）

お店に移動するときなどによく使う表現。

일정이 끝났습니다.
_{イルジョンイ ックンナッスムニダ}
（日程が終わりました。）

すべてのスケジュールが終わり、ホテルに戻って言う言葉。
끝났습니다の代わりに**끝났어요**を使うこともある。

STAGE 9

DAY81　～（する）ために　～위해서 ………………… 182

DAY82　～とは思わなかったです　～줄 몰랐어요 …… 184

DAY83　～ということです　～단 말이에요 ………… 186

DAY84　～（する）かと思って　～까 봐 …………… 188

DAY85　～（し）たら　～더니 …………………………… 190

DAY86　～（する）のですか？　～ㄴ/는 거예요? …… 192

DAY87　～（する）ほど　～ㄹ/을수록 ………………… 194

DAY88　～（し）たり　～거나 ………………………… 196

DAY89　～ので　～길래 ………………………………… 198

DAY90　バラエティ番組でよく使われる表現 ………… 200

DAY 81

私は保湿のためにいつも
リップを持ち歩いてますが。

ジョン ボスブル ウィヘソ ハンサン リブッバムル ドゥルゴ
전 보습을 위해서 항상 립밤을 들고
ダニヌンデヨ
다니는데요.

| 1 | こんなふうに使われる！ | カバンの中身紹介 | 🔊 81-1 |

ジョン ボスブル ウィヘソ ハンサン リブッバムル ドゥルゴ
🧑 전 보습을 위해서 항상 립밤을 들고
ダニヌンデヨ
다니는데요.
（私は保湿のためにいつもリップを持ち歩いてますが。）

グェンジャンヒ チョクチョケソ スシロ バルラヨ
굉장히 촉촉해서 수시로 발라요.
（すごく潤うので頻繁に塗っています。）

ジャジュ エヨンハヌン ジェブミムニダ
자주 애용하는 제품입니다.
（よく愛用している製品です。）

| 2 | 意味を確認しよう！ | | 🔊 81-2 |

「〜（する）ために」は**보습을 위해서**（保湿のために）のように言います。
K-POPが好きな方なら、アイドルたちが**여러분들을 위해서**（みなさんのた
めに）と言うのを聞いたことがある人も多いはず。よく使う表現なので覚え
ておきましょう。

ヨロブンドゥルル ウィヘソ ケプチョ タイムル ガジョボドロカゲッスムニダ
🎤 여러분들을 위해서 캡쳐 타임을 가져보도록 하겠습니다.
（みなさんのためにスクショタイムをやってみようと思います。）

➡ **캡쳐 타임**はライブ配信中にアーティストがポーズを取ってくれる時間のこと。ファ
ンはこの時間にスクショをします。

イゲ ダ モドゥルル ウィヘソエヨ
○ 이게 다 모두를 위해서예요. （これは全部みんなのためです。）

👤 전 / 보습을 위해서 / 항상 / 립밤을 / 들고
다니는데요 .

➡️ **립밤**の**밤**は「ッパム」と力強く発音しよう!

굉장히 촉촉해서 / 수시로 / 발라요 .

➡️ **굉장히**の**굉**は少し崩して「ゲン」と発音しよう!

자주 / 애용하는 제품입니다 .

✎ ちょっと くわしく ネイティブは위をこう発音する! ◀)) 81-5

위の発音は「ウィ」ですが、ネイティブは崩して「イ」のように言うことが多いです。
子音が**ㅇ**以外の場合も同様です。**취**、**귀**などのほかの子音が使われるパターンでも練習してみましょう!

○ **위험** (危険)
  イホム
  ➡️ **위**を崩して「イ」のように発音。

○ **귀신** (おばけ)
  ギシン
  ➡️ **귀**を崩して「ギ」のように発音。

○ **뷔** (BTSのメンバーの名前)
  ビ
  ➡️ **뷔**を崩して「ビ」のように発音。

○ **취미** (趣味)
  チミ
  ➡️ **취**を崩して「チ」のように発音。

○ **뒤** (後ろ)
  ディ
  ➡️ **뒤**を崩して「ディ」のように発音。

DAY 82

1位になるとは思わなかったです。

イルィルル　ハル　ジュル　モルラッソヨ
1위를 할 줄 몰랐어요.

---

1 こんなふうに使われる！ 　音楽番組で 　🔊 82-1

👤
ジンッチャ　イルィルル　ハル ジュル　モルラッソヨ
진짜 1위를 할 줄 몰랐어요.
（本当に1位になるとは思わなかったです。）

ックミンジ　センシインジ
꿈인지 생시인지 …（夢か現実か…）

ジグムド　シルガミ　アン　ナヨ
지금도 실감이 안 나요.（今も実感がわきません。）

---

2 意味を確認しよう！ 　🔊 82-2

「〜とは思わなかったです」「〜とは思ってもいませんでした」は**할 줄 몰랐어요**（するとは思わなかったです）のように言います。**몰랐어요**が「知らなかった」という意味なので、直訳して**할 줄**（することを）**몰랐어요**（知らなかった）のように考えると覚えやすいです。**몰랐어요**の最後の**요**を取るとタメ口になります。

○
イロン　ナリ　オル ジュル　モルラッソヨ
이런 날이 올 줄 몰랐어요.
（このような日が来るとは思いませんでした。）

🎤
シガン　ガヌン　ジュル　モルラッソヨ
시간 가는 줄 몰랐어요.（時間があっという間でした。）
➡ 直訳は「時間が過ぎると思いませんでした」。

○
ナップン　マリン　ジュル　モルラッソ
나쁜 말인 줄 몰랐어.（悪い言葉だと思ってなかった。）

👤 **진짜 / 1위를 / 할 줄 몰랐어요.**
꿈인지 생시인지 …
지금도 / 실감이 안 나요.

1위를は、崩して「イリルル」と言うこともあります。
생시인지は、縮めて「センシンジ」と言うことも多いです。

✏️ **ちょっと**
くわしく 　　**「だと思った！」は韓国語でなんて言う？**

🔊 82-5

「ほら、〜だと思った！」は、**〜줄 몰랐어**（〜とは思わなかった）の応用と考え
てみましょう。ポイントは直訳から考えることです。例えば、「そうだと思った」
と言いたいときは、「そうだと思わなかった」を表す**그럴 줄 몰랐어**を応用します。
直訳は、**그럴 줄**（そういうことを）**몰랐어**（知らなかった）なので、**몰랐어**の代
わりに**알았어**（知っていた）にすればOKです。

○ **그럴 줄 알았어.** （そうだと思った。）
　グロル　ジュル　アラッソ

○ **다친 줄 알았어.** （ケガしたのかと思った。）
　ダチン　ジュル　アラッソ

○ **내일이 주말인 줄 알았어.** （明日が週末だと思った。）
　ネイリ　ジュマリン　ジュル　アラッソ

👉 **한국인인 줄 알았어요.** （韓国人だと思いました。）
　ハングギニン　　ジュル　アラッソヨ
➡韓国語が堪能な非韓国語ネイティブのメンバーに対してよく使われるフレーズ。

DAY 83

日差しが強いんですよ。

ヘガ　ッチェンッチェンハダン　マリエヨ
해가 쨍쨍하단 말이에요.

1　こんなふうに使われる！　　◀)) 83-1

👤 オヌル　ヤウェ　スケジュリ　インヌンデヨ
오늘 야외 스케줄이 있는데요.
（今日野外スケジュールがありますが。）

ジグム　ヘガ　ッチェンッチェンハダン　マリエヨ
지금 해가 쨍쨍하단 말이에요.
（今、日差しが強いんですよ。）

グレソ　ソンクリムル　ムジンジャン　バルラッスムニダ
그래서 선크림을 무진장 발랐습니다.
（それで日焼け止めをすごくたくさん塗りました。）

2　意味を確認しよう！　　◀)) 83-2

「～ということです」「～というわけです」は**해가 쨍쨍하단 말이에요**（日差し
が強いんですよ）のように言います。何か言いたいことを強調するときに使
われ、「～なんです」というニュアンスです。直訳して**단**（という）＋**말이에
요**（ことです）と覚えてもいいでしょう。**이에요**の代わりに**이야**を使って**해
가 쨍쨍하단 말이야**（日差しが強いんだよね）のように言うとタメ口になり
ます。

○ ジンッチャ　ジンジハダン　マリエヨ
진짜 진지하단 말이에요.（本当に真剣なんです。）

○ ムォンガ　ウィシムスロブッタン　マリエヨ
뭔가 의심스럽단 말이에요.（何だか怪しいですよね。）

○ マル　モテ　ビミリラン　マリヤ
말 못해. 비밀이란 말이야.（言えない。内緒なんだよ。）
➡前にくる品詞によって、**란 말이에요**を使うこともある。

👤 **오늘 / 야외 스케줄이 / 있는데요.**
지금 / 해가 / 쨍쨍하단 말이에요.
그래서 / 선크림을 / 무진장 / 발랐습니다.

➡선크림の선は「ッソン」と強く発音してみよう！

✏ ちょっと
くわしく　　**「〜말이에요」のニュアンスを深堀り！**　　🔊 83-5

〜말이에요は「〜ということです」という意味ですが、直訳では理解しにくいので、先にいろいろなニュアンスを知っておくと便利です。例えば、**싫단 말이에요**（嫌なんです）を少し強い口調で**싫단 말이에요!**と言うと、「嫌だってば！」となります。また、疑問形で**싫단 말이에요?**（嫌だということですか？）と聞くと、相手の言ったことについて確認する意味になります。

○ **그 말을 믿으란 말이에요?**（あの話を信じろということですか？）
➡相手が言ったことを確認するニュアンス。

▶ **나 아니란 말이야.**（私じゃないんだってば。）
➡少し怒っているニュアンス。

🎙 **그러게 말이야.**（それな。）

○ **글쎄 말이야.**（さあね。）
➡**그러게**（それな）、**글쎄**（さあね）は、強調しているだけなので訳さないほうが自然。

DAY 84

念のため、誤解なさるかと思って言いますが。

ホクシナ　オヘハシルッカ　ボァ　グロヌンデ
혹시나 오해하실까 봐 그러는데.

| 1 | こんなふうに使われる! | ◀)) 84-1 |

😀
ホクシナ　オヘハシルッカ　ボァ　グロヌンデ
혹시나 오해하실까 봐 그러는데.
(念のため、誤解なさるかと思って言いますが。)

ジョヒ　ッサウン　ゴ　アニエヨ
저희 싸운 거 아니에요.
(僕たちケンカしたんじゃないですよ。)

グニャン　ジャンナンチン　ゴエヨ
그냥 장난친 거예요. (ただふざけただけです。)

| 2 | 意味を確認しよう! | ◀)) 84-2 |

「～(する)かと思って」は**오해하실까 봐**(誤解なさるかと思って)のように言います。文脈によっては「誤解なさりそうで」のように「～(し)そうで」と訳すことも多いです。

그러는데は直訳だと「そうしますが」「そう言いますが」です。**～까봐 그러는데**で「～(し)そうなので言いますが」という意味になります。よくセットで使われる表現なので、丸ごと覚えておきましょう。

○ ドゥルキルッカ　ボァ　ジョマジョマヘッソヨ
들킬까 봐 조마조마했어요.
(バレるんじゃないかと思ってハラハラしました。)

○ ジガカルッカ　ボァ　テクシ　タッソョ
지각할까 봐 택시 탔어요. (遅刻しそうでタクシーに乗りました。)

○ シルスハルッカ　ボァ　ゴッチョンドェ
실수할까 봐 걱정돼. (ミスするんじゃないかと思って心配だよ。)

👤 혹시나 / 오해하실까 봐 그러는데.

　저희 / 싸운 거 아니에요.

　그냥 / 장난친 거예요.

🖊 **ちょっと
くわしく**　**봐シリーズのまとめ**　　🔊 84-5

今まで**봐**を使った表現をいくつか学んできましたが、ここで**봐**シリーズをまとめ
てみましょう！「〜ボァってなんだっけ？」と混乱してしまったときは、このまとめ
をぜひ思い出してください！

❶ **〜까 봐：〜かと思って**
　　　ッカ　ボァ

○ **그럴까 봐.**（そうしようかと思う。）
　グロルッカ　ボァ
　　➡語尾で使われるときは「〜しようと思う」と訳す。

❷ **〜봐：〜みて**
　　　ボァ

○ **잘 봐.**（よく見てね。）
　ジャル ボァ
　　➡文脈とイントネーションによっては
　　　「見て！」「見るの？」と訳されることもある。

> DAY18で봐 봐（見てみて）
> も出てきたね！

❸ **〜나 봐 / 〜가 봐：〜みたい**
　　　ナ　ボァ　　　ガ　ボァ

○ **부끄럽나 봐.**（恥ずかしいみたい。）
　ブックロムナ　ボァ
　　➡**부끄러운가 봐**も同じ意味。
　　ブックロウンガ　ボァ

189

DAY 85

薬を飲んだら眠くなりました。

ヤグル　　モゴットニ　　ジョリリネヨ
약을 먹었더니 졸리네요.

Ⅰ こんなふうに使われる！　　**VLOG / ホテルで**　　◀)) 85-1

ホテレ　　ワッスムニダ
🧑 **호텔에 왔습니다.**（ホテルに来ました。）

ネイル　ノグミニッカ　　オヌルン　ッパルリ　ジャリョゴヨ
내일 녹음이니까 오늘은 빨리 자려고요.
（明日レコーディングだから今日は早く寝ようと思います。）

モギ　アン　ジョアソ　　ヤグル　　モゴットニ　　ジョリネヨ
목이 안 좋아서 약을 먹었더니 졸리네요.
（ノドの調子が悪くて薬を飲んだら眠くなりました。）

---

2 意味を確認しよう！　　◀)) 85-2

「〜（し）たら」は**먹었더니**（飲んだら）のように言います。**약을 먹었더니
졸리네요**のように、何か行動をして（薬を飲む）、その結果何かが起きた（眠くなった）ときに使われます。「薬を飲んだら（思ってもいなかったけれど）眠くなってきた」のように予想外のことが起きたときに使います。
DAY11で〜**면**「〜たら」という表現を学習しましたが、この〜**면**は仮定の意味で、「（もし）〜すると」「（もし）〜すれば」「（もし）〜するなら」というニュアンスなので、まったく違う表現です。

ダン　ゴル　モゴットニ　　ギブニ　　ジョアジョッソヨ
○ **단 걸 먹었더니 기분이 좋아졌어요.**
（甘いものを食べたら気分が良くなりました。）

ジャゴ　イロナットニ　　モリガ　　プシシヘ　ジョッソヨ
○ **자고 일어났더니 머리가 부시시해 졌어요.**
（寝て起きたら頭がぼさぼさになりました。）

> 〜면は英語のifと
> 考えると簡単だよ！

호텔에 왔습니다.

내일 녹음이니까 / 오늘은 / 빨리 자려고요.

목이 안 좋아서 / 약을 먹었더니 / 졸리네요.

자려고요の**고요**はネイティブっぽく、「グヨ」と言ってみましょう。
졸리네요の**ㄹ**パッチムの発音に注意しましょう。**졸리**は、**졸**のときに舌先が口の天井について**리**のときに舌先が離れる感じです。

📝 **ちょっと くわしく** 「〜더니」のもう1つの意味 🔊 85-5

〜**더니**は「〜（し）たら」以外にもう1つ意味があります。それは「〜ていたが」「〜のに」です。例えば、**어제는 비가 오더니 오늘은 맑아요.**（昨日は雨が降っていたが今日は晴れています。）のように使います。DAY29の〜**데**（〜けど）とニュアンスが似ているので、この意味の場合、〜**더니**の代わりに〜**는데**を使っても大丈夫です。

○ **어제는 한가하더니 오늘은 바쁘네요.**
（昨日は暇でしたが今日は忙しいですね。）
➡ **한가하더니**の代わりに**한가했는데**でもOK!

○ **아침엔 춥더니 낮에는 따뜻하네요.**
（朝は寒かったのに昼は暖かいですね。）
➡ **춥더니**の代わりに**추웠는데**でもOK!

191

DAY 86

これで合っているんですか？

이게 맞는 거예요?
_{イゲ マンヌン ゴエヨ}

| **1** | こんなふうに使われる！ | バラエティ番組 / ゲーム中 | ◀) 86-1 |

 이게 맞는 거예요?（これで合っているんですか？）
_{イゲ マンヌン ゴエヨ}

아닌가 …?（違うかな …?）
_{アニンガ}

뭔가 이상한데?（何かおかしいんだけど？）
_{ムォンガ イサンハンデ}

| **2** | 意味を確認しよう！ | | ◀) 86-2 |

「〜（する）のですか？」「〜だったのですか？」は**맞는 거예요?**（合っているんですか？）のように言います。**맞는 거예요**（合っているんです）のように、何かを説明するときにも使われます。**거**には「の」「こと」「もの」という意味があるので**맞는**「合っている」＋**거**「の」＋**예요**「です」のように直訳で考えてもいいですね。

○ **뭔 소리 하는 거야?**（どういうこと？）
_{ムォン ソリ ハヌン ゴヤ}
➡直訳は「何の音をしているのですか？」で、**뭔**の代わりに**무슨**を使うことも多い。

○ **집에 왔더니 지갑이 없는 거예요.**
_{ジベ ワットニ ジガビ オムヌン ゴエヨ}
（帰ってきたらサイフがなかったのです。）

○ **된 거야?**（できたの？）
_{ドェン ゴヤ}
➡バラエティ番組でミッションをこなしたあと、成功したのか確認するときや、料理が完成したときによく使われるフレーズ。

이게 / 맞는 거예요?

아닌가 …?

뭔가 / 이상한데?

→ **뭔가**は崩して「モンガ」と発音してもOK！

맞는の**맞**の発音は「マッ」だけど、**맞는**の場合は「マンヌン」と発音します。
아닌가 …?と**뭔가 이상한데?**は、独り言をイメージして言ってみましょう。

ちょっと
くわしく　**거예요シリーズをまとめてチェック！**　🔊 86-5

DAY62では、〜**거예요**を「〜（する）つもりです」「〜だと思います」という意味
で学習したはずなのに、今回の〜**거예요**は「〜（する）のです」という意味なので、
疑問に思う方もいるかと思います。意味の違いを決めるのは**거예요**の前にあ
るパッチム！ **거예요**の前にパッチム**ㄹ**があったら、「〜（する）つもりです」、パッ
チム**ㄴ**があったら「〜（する）のです」という意味になります。

　　　ムォル　マンドゥル　　ッコエヨ
○ **뭘 만들 거예요?**（何を作るつもりですか？）

　　アマ　　　マシッスル　　ッコエヨ
○ **아마 맛있을 거예요.**（多分美味しいと思います。）

　ジクッチョプ　ヨリハン　　　ゴエヨ
○ **직접 요리한 거예요.**（直接［自分で］料理したのです。）
　　→**거예요**の前に「ン（ㄴ／은）、ヌン（는）」の音が聞こえたら、「〜（する）のです」という
　　意味。

　　イントネセソ　　　サン　　ゴエヨ
○ **인터넷에서 산 거예요.**（ネットで買ったものです。）

193

DAY 87

聞けば聞くほどいいです。

ドゥルミョン　ドゥルルスロク　ジョアヨ
들으면 들을수록 좋아요.

Ⅰ こんなふうに使われる！ ◀) 87-1

イ　ノレ　アラヨ
이 노래 알아요?（この歌知ってますか？）

イゴン　ドゥルミョン　ドゥルルスロク　ジョアヨ
이건 들으면 들을수록 좋아요.
（これは聞けば聞くほどいいです。）

ガサガ　ジョンマル　ジョコドゥンニョ
가사가 정말 좋거든요.（歌詞が本当にいいんですよ。）

---

2 意味を確認しよう！ ◀) 87-2

「〜（する）ほど」は**들을수록**（聞くほど）のように言います。**들으면 들을수록**（聞けば聞くほど）のように**〜면 …수록**（〜（す）れば…（する）ほど）のパターンでとてもよく使われるので、丸ごと覚えておきましょう！

ボミョン　ボルスロク　ッパジョドゥロヨ
○ **보면 볼수록 빠져들어요.**
（見れば見るほど夢中になります。）

センガカミョン　ハルスロク　ソクサンヘヨ
○ **생각하면 할수록 속상해요.**
（考えれば考えるほど心が痛みます。）

➡**속상해요**は直訳だと内（**속**）が痛みます（**상해요**）。

イロル　ッテイルスロク　ジョンシン　バッチャク　チャリョヤ　ドェ
○ **이럴 때일수록 정신 바짝 차려야 돼.**
（こういうときこそ気を引き締めないと。）

➡**정신 바짝 차려야 돼**の直訳は「精神をしっかり引き締めないと」。

👤 **이 노래 / 알아요?**

이건 / 들으면 들을수록 / 좋아요.

➡ 들にアクセントを置いて言ってみよう！

가사가 / 정말 / 좋거든요.

4　何も見ずに、どれくらい聞き取れるか試してみよう！　🔊 87-4

✏ **ちょっと くわしく**　**よく使われる「〜수록」の表現はこれ！**　🔊 87-5

語学を勉強しているときに難しい表現に出合ったら、単語の意味ひとつひとつを理解するのではなく、一番よく使う表現を丸ごと覚えるのが効率的です。
〜**수록**を使う表現で、一番よく使うのは**갈수록**。直訳すると「行くほど」ですが、「ますます」「だんだん」と考えてOKです。

○ **시간이 갈수록 조급해 져요.** （だんだん焦ってきます。）
　　シガニ　ガルスロク　ジョグペ　ジョヨ
　➡ **시간이 갈수록**の直訳は「時間が経つほど」。

○ **두통이 갈수록 심해져요.** （頭痛がますますひどくなります。）
　　ドゥトンイ　ガルスロク　シメジョヨ

✒ **미션이 갈수록 어렵네.** （ミッションがますます難しいね。）
　　ミショニ　ガルスロク　オリョムネ
　➡ **미션**は「ミッション」と発音することが多い。

○ **드라마가 뒤로 갈수록 지루해.** （ドラマが後半になるほどつまらない。）
　　ドゥラマガ　ドゥィロ　ガルスロク　ジルヘ
　➡ **뒤로 갈수록**の直訳は「後ろに行くほど」。

DAY 88

映画を見たり、寝たりします。

ヨンファ　ボゴナ　ジャゴナ　ヘヨ
영화 보거나 자거나 해요.

Ⅰ　こんなふうに使われる！　　(◀)) 88-1

アム　イルッチョンド　オムヌン　ナレヌン　ムォル　ハシナヨ
👤 **아무 일정도 없는 날에는 뭘 하시나요?**
（何の予定もない日には何をされますか？）

ジョンワンジョン　ジブッスニイムニダ
👤 **전 완전 집순이입니다.**（私は完全にインドア派です。）

グレソ　ハンサン　ジベソ　ヨンファ　ボゴナ　ジャゴナ　ヘヨ
그래서 항상 집에서 영화 보거나 자거나 해요.
（なので、いつも家で映画を見たり、寝たりします。）

2　意味を確認しよう！　　(◀)) 88-2

「〜(し)たり」「〜とか」は**보거나**（見たり）のように言います。日課を話すときや、メニューを選ぶときなどの日常会話でとてもよく使われる表現です。
믿거나 말거나（信じるか信じまいか）のように「〜しようがしまいが」という形でもよく使われます。

ムォ　ムロボゴ　シブン　ゴナ　グングマン　ゴ　イッソヨ
✍ **뭐 물어보고 싶은 거나 궁금한 거 있어요?**
（何か聞きたいことや、気になることはありますか？）

ダルン　メンボヌン　スィゴナ　ダルン　イルッチョン　ジュンイエヨ
🎤 **다른 멤버는 쉬거나 다른 일정 중이에요.**
（ほかのメンバーは休んだり、ほかの予定をこなしています。）

エラ　モルゲッタ　グロゴナ　マルッコナ
▶ **에라 모르겠다! 그러거나 말거나!**（もう知らん！ どうでもいいわ！）
➡ **그러거나 말거나**の直訳は「そうしようがしまいが」。

👤 **아무 일정도 없는 달에는 / 뭘 하시나요?**

➡ 일정は「イルッチョン」と発音するのがポイントだよ！

👤 **전 / 완전 / 집순이입니다.**
그래서 / 항상 / 집에서 / 영화 보거나 자거나 해요.

➡ 집순이は、순をやや強く「ジブッスニ」と発音すると自然！

✏ **ちょっと くわしく** 　「性格」に関する単語　　◀) 88-5

辞書には載っていないけれど、会話でよく使われる「性格」に関する単語をいくつか紹介します。アイドルのインタビューやライブ配信などで、とてもよく使われます。

○ **집순이** (インドア派の女性) ／ **집돌이** (インドア派の男性)
　➡ 순이と돌이は日本でいう「花子」と「太郎」のような意味で、韓国の昔ながらの名前の1つ。집 (家) の代わりに他の単語を入れてあだ名をつけたり、新しい単語を作ることも多い。

○ **집콕** (家に閉じこもること)
　➡ 집は「家」、콕は「ぽつんと」という意味。
　「部屋に閉じこもる」という意味で**방콕**を使うことも多い。

> 日本語の引키코모리 (引きこもり) と言っても通じるんだ！

○ **아싸** (陰キャラ) ／ **인싸** (陽キャラ)
　➡ それぞれ、outsider、insiderの略。

○ **MBTI**
　➡ 性格診断テストの1つで、性格をINFPやENFJなど16タイプに分類する。自分の性格や趣向を間接的に紹介するときによく使われる。

DAY 89

天気がくもっていたので、かさを持ってきました。

ナルッシガ　　フリギルレ　　ウサヌル　　チェンギョ　　ナワッスムニダ
날씨가 흐리길래 우산을 챙겨 나왔습니다.

1　　こんなふうに使われる！　　◀)) 89-1

アチムブト　　ナルッシガ　　フリギルレ　　ウサヌル　　チェンギョ
아침부터 날씨가 흐리길래 우산을 챙겨

ナワッスムニダ
나왔습니다.
（朝から天気がくもっていたので、かさを持ってきました。）

ビッソリ　　ドゥルリシナヨ
빗소리 들리시나요?（雨の音が聞こえますか？）

ビガ　　オムチョン　　マニ　　オゴ　　イッソヨ
비가 엄청 많이 오고 있어요.
（雨がすごくたくさん降っています。）

2　　意味を確認しよう！　　◀)) 89-2

「〜ので」「〜だから」は**흐리길래**（くもっていたので）のように使います。
〜**길래**の代わりにDAY16の〜**서**（〜ので）やDAY17の〜**니까**（〜だから）
を使って、**흐려서、흐리니까**としてもOKです。〜**서、〜니까**は書き言葉
でも日常会話でも使われ、〜**길래**は日常会話でよく使われます。

ピョンイ　　ジョキルレ　　ハンボン　　ッソ　　バッッソヨ
○ **평이 좋길래 한번 써 봤어요.**（評判がいいので一度使ってみました。）

ハド　　ダビ　　オプッキルレ　　ジャヌン　　ジュル　　アラッソヨ
○ **하도 답이 없길래 자는 줄 알았어요.**
（あまりにも返事がないので寝ていると思いました。）

シンサン　　ナワッキルレ　　バロ　　ジルロッソ
○ **신상 나왔길래 바로 질렀어.**（新商品が出たからすぐにポチった。）
➡ **신상**（新商品）は**신상품**（シンサンプム）の略。**질렀어**は「ポチった」という意味のスラング。

😀 **아침부터 / 날씨가 흐리길래 / 우산을 / 챙겨**
나왔습니다.

スラッシュのところで少し切ってみて！

빗소리 / 들리시나요?

비가 / 엄청 많이 / 오고 있어요.

엄청と**많이**にアクセントを置いて強調して言ってみましょう。

4 何も見ずに、どれくらい聞き取れるか試してみよう！ ◀)) 89-4

📝 ちょっと
くわしく **「〜길래」がうまく訳せないときの対処法** ◀)) 89-5

〜**길래**を「〜ので」「〜だから」で訳そうとすると不自然になることもあります。
例えば、**어디 가길래?**の場合、「**어디**（どこへ）**가길래?**（行くので?）」と訳し
てもピンとこないですよね。次の例文のように**길래?**と疑問形で終わるときは、
길래の意味は無視して「一体〜なの?」と訳すと自然です。「一体どうしたの?」
という理由を聞くニュアンスがあります。

○ **도대체 어디 가길래?**（一体どこへ行くの?）
ドデチェ　オディ　ガギルレ
 ➡ **도대체**を縮めて**대체**と言うこともある。
    デチェ

○ **무슨 일이길래?**（一体どういうことなの?）
ムスン　イリギルレ

○ **술을 얼마나 마셨길래?**
スルル　オルマナ　マショッキルレ
（一体お酒をどのぐらい飲んだの?）

○ **얼마나 재밌길래?**（一体どれだけ面白いの?）
オルマナ　ジェミッキルレ
 ➡ 意訳すると「そんなに面白いの?」という意味になる。

199

DAY 90 バラエティ番組でよく使われる表現

🔊 90-1

준비, 시작!
ジュンビ シジャク
（よーい、始め！）

준비ジュンビは「準備」、**시작**シジャクは漢字で「始作」と書いて「始め」という意味。

땡
ッテン
（ブッブー）

不正解のときに使う言葉。ちなみに「正解」は**정답**ジョンダプ。

이겼어！
イギョッソ
（勝った！）

同じ意味の**이겼다**イギョッタを使うこともある。反対の意味の「負けた」は**졌어**ジョッソ、**졌다**ジョッタと言う。

될까？
ドェルッカ
（いけるかな？）

ゲームやミッションなどに挑戦する前によく使う表現。**할 수 있을까?**ハル ス イッスルッカも同じ意味。

가위 바위 보
ガウィ バウィ ボ
（ジャンケンポン）

가위ガウィは「ちょき」、**바위**バウィは「ぐー」、**보**ボは「ぱー」の意味。

찾았어！
チャジャッソ
（見つけた！）

同じ意味の**찾았다**チャジャッタもよく使う。

알겠다！
アルゲッタ
（わかるかも！）

クイズのとき、答えがわかりそうなタイミングでよく言う言葉。代わりに**알 거 같아**アル ゴ ガタと言うこともある。

생각났다！
センガンナッタ
（思い出した！）

何かを思い出したとき、独り言のように言う表現。**생각났어**センガンナッソも同じ意味。

아깝다.
アッカプッタ
（惜しい。）

ゲームやクイズなどで惜しくも失敗したときによく使う表現。同じ意味の**아쉬워**アスィウォもよく使う。

STAGE 10

DAY
91
–
DAY
100

DAY91	〜（する）ことを願います　〜기 바랍니다 ………	202
DAY92	〜（する）ように　〜도록 ………………………	204
DAY93	〜に（加えて）　〜에다가 ……………………	206
DAY94	〜ですって？　〜고요？ ………………………	208
DAY95	〜（する）ほうです　〜편이에요 ……………	210
DAY96	〜（する）つもりだから　〜테니까 …………	212
DAY97	〜（する）ところでした　〜ㄹ/을 뻔했어요 ………	214
DAY98	〜（し）たんですよ　〜더라고요 ……………	216
DAY99	〜かと思います　〜까 싶어요 ………………	218
DAY100	Jooの体験談！ 私がやってよかったリスニング勉強法 …	220

DAY 91

楽しみにしてください。

マニ ギデヘ ジュシギ バラムニダ
많이 기대해 주시기 바랍니다.

---

1 こんなふうに使われる！

🔊 91-1

👤 チュアリョンハヌン ドンアン ノム ジュルゴウォッコ ヘンボケッスムニダ
촬영하는 동안 너무 즐거웠고 행복했습니다.
（撮影している間、とても楽しかったし、幸せでした。）

ゴッ ジョウン ジャクプムロ インサドゥリゲッスムニダ
곧 좋은 작품으로 인사드리겠습니다.
（すぐに良い作品でカムバックできたらと思います。）

マニ ギデヘ ジュシギ バラムニダ
많이 기대해 주시기 바랍니다.（楽しみにしてください。）

2 意味を確認しよう！

🔊 91-2

「～(する)ことを願います」は**기대해 주시기 바랍니다**（楽しみにしてください）のように言います。直訳は「**기대해**（期待して）**주시기 바랍니다**（くださることを願います）」。新曲のプロモーションなどで必ず出てくる表現です。もう少しカジュアルに言うときは、**바랍니다**の代わりに**바라요**、タメ口のときは**바라**と言います。ネイティブは「バレヨ」「バレ」と発音することがほとんどなので、この発音も覚えておきましょう！

○ ジュルゴウン ハル ドェシギ バラムニダ
즐거운 하루 되시기 바랍니다.（楽しい1日になりますように。）

○ ジョウン ギョルグァ イッキ バラヨ
좋은 결과 있기 바라요.（いい結果が出ることを願っています。）

○ ッコッキルマン ゴッキ バラ
꽃길만 걷기 바라.（幸せになってほしい。）
　➡直訳は「花道だけ歩いてほしい」。

🧑 **촬영하는 동안 / 너무 즐거웠고 / 행복했습니다.**
곧 / 좋은 작품으로 / 인사드리겠습니다.
많이 / 기대해 주시기 바랍니다.

4 何も見ずに、どれくらい聞き取れるか試してみよう！ ◀)) 91-4

**ちょっと
くわしく　新作や新曲のプロモーションでよく使う表現**

◀)) 91-5

新しいドラマや新曲のプロモーションなどでよく使われる表現は決まったもの
が多いので、まとめて覚えておきましょう！ 左ページの例文の**좋은 작품으로
인사드리겠습니다**もよく使う表現です。直訳は「良い作品であいさつさせてい
ただきたいです」ですが、韓国では、アーティストが新曲を出すときには「カムバッ
クする」という表現を使うので、「良い作品でカムバックできたらと思います」と
いう意味になります。

🎤 **기대해 주세요!** （楽しみにしてください！）
　　ギデヘ　　ジュセヨ

🎤 **많이 사랑해 주세요.** （たくさん愛してください。）
　　マニ　サランヘ　ジュセヨ
　➡**많이 많이**のように2回くり返すことも多い。

🎤 **많은 관심 부탁드립니다.** （多くの関心をお願いします。）
　　マヌン　グァンシム　ブタクドゥリムニダ
　➡縮めて**많관부**とフランクに言うこともある。
　　　　　　　　マングァンブ

🎤 **본방사수 해 주세요.** （見逃さずに本番を見てください。）
　　ボンバンサス　ヘ　ジュセヨ
　➡**본방사수**は「見逃さずに本番を見る」という意味で、とてもよく使われる表現。

DAY 92

もっといい姿を
お見せできるようにします。

ド　　ジョウン　モスプ　ボヨドゥリドロカゲッスムニダ
더 좋은 모습 보여드리도록 하겠습니다.

1　こんなふうに使われる！　　授賞式で　　🔊 92-1

デサン　　フボエ　　オルン　　ゴッマヌロド　ジョンマル　ヨングァンインデ
대상 후보에 오른 것만으로도 정말 영광인데
（大賞の候補に上がったことだけでもとても光栄なのですが）

イロケ　　クン　サン　ジュショソ　ノム　　ノム　　ガムサドゥリムニダ
이렇게 큰 상 주셔서 너무 너무 감사드립니다.
（こんなに大きな賞をくださって本当にありがとうございます。）

アプロド　　ド　ジョウン　モスプ　　ボヨドゥリドロ
앞으로도 더 좋은 모습 보여드리도록

カゲッスムニダ
하겠습니다.
（これからももっといい姿をお見せできるようにします。）

2　意味を確認しよう！　　🔊 92-2

「～(する)ように」は**보여드리도록**（お見せできるように）のように言います。
ややかしこまった表現です。**～도록 하겠습니다**の形で使うことがほとんどで、
「～するようにします」という意味ですが、文脈によっては「～していきたい
と思います」「～させていただきます」と訳すと自然です。

バロ　ゲイム　シジャケ　　ボドロカルッカヨ
○ **바로 게임 시작해 보도록 할까요?**（すぐゲームを始めてみましょうか？）

グロム　モゴ　　ボドロカゲッスムニダ
○ **그럼 먹어 보도록 하겠습니다.**（では食べていきたいと思います。）

ヨロブンドゥルグァ　ソトンハヌン　シガヌル　ガジョ　ボドロカゲッスムニダ
○ **여러분들과 소통하는 시간을 가져 보도록 하겠습니다.**
（みなさんと話す時間を過ごしていきたいと思います。）

👤 **대상 후보에 / 오른 것만으로도 / 정말 영광인데 이렇게 / 큰 상 주셔서 / 너무 너무 / 감사드립니다. 앞으로도 / 더 좋은 모습 / 보여드리도록 하겠습니다.**

長い文の場合はとくに区切るタイミングが大事です。スラッシュのところで少し切りながら言ってみる意識をしてみましょう。

🖊 **ちょっとくわしく** **2回くり返す言葉のまとめ** ◀)) 92-5

韓国語では、**너무**(とても)を2回くり返して、**너무 너무**と言うなど、ある単語を2回くり返して言うことで、その意味を「強調」することができます。「ドキドキ」のような擬態語も日本語のように2回くり返すものが多いです。

ジンッチャ ジンッチャ
- **진짜 진짜**(めちゃめちゃ)

ッパルリ ッパルリ
- **빨리 빨리**(早く早く)

ドゥグンドゥグン
- **두근두근**(ドキドキ)

バンッチャクッバンッチャク
- **반짝반짝**(キラキラ)

アスラスル
- **아슬아슬**(ギリギリ)

マルランマルラン
- **말랑말랑**(プニプニ)

ほっぺが
말랑말랑

DAY 93 フライパンで卵を焼きます。

プライペネダガ ゲラヌル グウル ゴエヨ
프라이팬에다가 계란을 구울 거예요.

---

1 こんなふうに使われる！　VLOG / 料理中　🔊 93-1

ジグム ヨリルル ハリョゴ カメラルル キョッスムニダ
지금 요리를 하려고 카메라를 켰습니다.
（今、料理をしようと思ってカメラをつけました。）

モンジョ プライペネダガ ゲラヌル グウル ゴエヨ
먼저 프라이팬에다가 계란을 구울 거예요.
（まずフライパンで卵を焼きます。）

ダ ドェッタ
다 됐다! （できた！）

---

2 意味を確認しよう！　🔊 93-2

「〜に」は**프라이팬에다가**（フライパンに）のように言います。「〜に」と言いたいときは〜**에**を使いますが、〜**에다가**は「フライパンに卵を入れて焼く」のように、あるものに何かを入れたり、つけたりという「加える」ニュアンスがあるのがポイントです。ちなみにDAY73の〜**다가**とは関係ないので別物として考えてくださいね！

ガンジャンエダガ ソルタンウル ノコ ジャル ソッコ ジュセヨ
○ **간장에다가 설탕을 넣고 잘 섞어 주세요.**
（醤油に砂糖を入れてよく混ぜてください。）

メイル ノトゥエダガ イルギルル ッスゴ イッスムニダ
○ **매일 노트에다가 일기를 쓰고 있습니다.**
（毎日ノートに日記を書いています。）

オヌルン コトゥエダガ ブチュルル シノッソヨ
○ **오늘은 코트에다가 부츠를 신었어요.**
（今日はコートにブーツを合わせました。）

> コーディネートの説明で
> よく使うよ！

👤 지금 / 요리를 하려고 / 카메라를 켰습니다.

먼저 / 프라이팬에다가 / 계란을 구울 거예요.

➡ **거예요**は、「ッコエヨ」のように言うとネイティブっぽいよ！

다 됐다!　다 됐다はつなげて言おう！

文が長いので、スラッシュのところで少し区切りながら言ってみましょう。

✏ **ちょっと
くわしく**　　「できた」ときによく使う表現まとめ　🔊 93-5

バラエティ番組などで、料理が完成したときや、ゲームのミッションをクリアしたときなどに使う定番表現があります。ぜひ日常で使いながら覚えてみてくださいね。

〇 **다 했다!**（できた！）
　➡直訳は「全部やった」という意味。
　　다を省略して**됐다**（できた）と言うこともある。

했다だけでは使わないから
注意してね！

〇 **완성!**（完成！）

〇 **끝!**（終わり！）

〇 **짠!**（じゃーん！、ドーン！）

DAY 94

歌を歌ってほしいですって？

ノレ　プルロダルラゴヨ
노래 불러달라고요?

---

1 こんなふうに使われる！　　ライブ配信 / 歌ってと頼まれた

🔊 94-1

👤 ノレ　プルロダルラゴヨ
노래 불러달라고요?
（歌を歌ってほしいですって？）

オットン　ノレ　プルジ
어떤 노래 부르지?（どんな歌を歌おうかな？）

ムスン　ノレ　プルルッカヨ
무슨 노래 부를까요?（何の歌を歌いましょうか？）

---

2 意味を確認しよう！

🔊 94-2

「〜ですって？」は**불러달라고요?**（歌ってほしいですって？）のように言います。
相手が言ったことを聞き返すときに使い、ファンとコメントでやりとりするライブ配信でとてもよく使われる表現です。ただ、**고요**（↘）のように語尾を下げて言うと「〜ですし」という意味になるので気をつけましょう。

🎤 センオリニャゴヨ
생얼이냐고요?（すっぴんですかって？）
➡「すっぴん」は**민낯**とも言うが、俗語の**생얼**のほうがよく使われる。
生（生）に**얼굴**（顔）を組み合わせた言葉。

🎤 ソリガ　アン　ドゥルリンダゴヨ
소리가 안 들린다고요?（音が聞こえないですって？）

🎤 ガジ　マルラゴ
가지 말라고?（行かないでって？）

日本語でも聞き返すときは
「はい？（↗）」と語尾を上げるもんね！

👤 노래 / 불러달라고요 ?

어떤 노래 / 부르지 ?

무슨 노래 / 부를까요 ?

4 何も見ずに、どれくらい聞き取れるか試してみよう！　🔊 94-4

✏ ちょっと
くわしく　「美容・ファッション」関連のスラング　🔊 94-5

韓国では、アイドルのファッションやヘアメイクに対して、ファンが積極的に提案することも多いです。推しのスタイルが残念なときは**코디가 안티다.**（スタイリストがアンチだ。）というコメントをつけることもあるくらいです。よく使うファッションや美容関連のスラングをいくつか紹介します。

- **코디**（スタイリスト）➡コーディネート、スタイリストどちらも**코디**。

- **헤메코**（ヘアとメイクとスタイリスト）
  ➡**헤어**（ヘア）、**메이크업**（メイク）、**코디**（コーデ）の略。

- **풀메**（フルメイク）➡**풀**（フル）+**메이크업**（メイク）の略。

- **화장발**（化粧のおかげできれいに見える効果）

- **찰떡**（ピッタリだ）
  ➡**찰떡**（もち米で作ったお餅）がべたっとくっつくことをイメージしたスラング。
  スタイリングがすごく似合うときに使う。

- **리즈**（黄金期、全盛期）
  ➡**시절**（時代）をつけて**리즈시절**と言うことも多い。

DAY 95

普段、食事を気にするほうです。

ピョンソエ シクッタヌル シンギョン ッスヌン ピョニエヨ
평소에 식단을 신경 쓰는 편이에요.

Ⅰ　こんなふうに使われる！　　インタビューで　　◀) 95-1

モムメ グァルリ ビッポビ インナヨ
몸매 관리 비법이 있나요?
（体型管理の秘訣はありますか？）

ピョンソエ シクッタヌル シンギョン ッスヌン ピョニエヨ
평소에 식단을 신경 쓰는 편이에요.
（普段、食事を気にするほうです。）

ウンドンド ックッジュニ ハゴ イッコヨ
운동도 꾸준히 하고 있고요.
（運動も地道にやっていますし。）

2　意味を確認しよう！　　◀) 95-2

「～（する）ほうです」は**신경 쓰는 편이에요**（気にするほうです）のように言います。**신경 쓰는 편이야**（気にするほうだ）と言うと、タメ口になります。性格や好みを聞くときなどによく使われるので、ライブ配信やインタビューをよく聞いてみてください。

バムヌッケ ジャヌン ピョニエヨ
○ **밤늦게 자는 편이에요.**（夜遅く寝るほうです。）

ヌンムリ マヌン ピョニエヨ
○ **눈물이 많은 편이에요.**（涙もろいほうです。）
➡ 直訳は「涙が多いほうです」。

チュィハミョン ジョヨンヘジヌン ピョニエヨ
○ **취하면 조용해지는 편이에요.**（酔ったら静かになるほうです。）

◀)) 95-3

🧑 몸매 관리 비법이 / 있나요?

평소에 / 식단을 / 신경 쓰는 편이에요.

운동도 / 꾸준히 / 하고 있고요.

비법は、文字通り読むと「ビボブ」ですが、「ビッポブ」と発音します。このように、少し変わった読み方をするものは、文字と発音を丸ごと覚えていきましょう。

| 4 | 何も見ずに、どれくらい聞き取れるか試してみよう！ | ◀)) 95-4 |

✎ ちょっと くわしく 「ダイエット」関連の用語

◀)) 95-5

韓国はダイエット方法もさまざまです。最近は、ただ痩せているだけではなく筋肉も鍛えられた「健康美」に憧れる人が増えており、同じものだけを食べ続けるワンフードダイエットをする芸能人はだいぶ減ってきました。よく使われるダイエット関連用語をいくつか紹介します。

○ **식단**（食事制限）
   シクッタン
   ➡ 直訳は「献立」だが、献立を立ててきちんと食事制限をするという意味でよく使われる。

○ **요요**（リバウンド）
   ヨヨ
   ➡ 投げてもまた戻ってくるヨーヨーのことをイメージした表現。

○ **급찐급빠**（短期間で太って痩せること）
   グプッチングプッパ
   ➡ **급**（急）に **찐**（太って）、**급**（急）に **빠**（痩せる）。

○ **폭식**（爆食）
   ポクシク
   ➡ 爆食する日常を記録した「**폭식**VLOG」の動画も人気！

○ **단식**（断食、ファスティング）
   ダンシク

DAY 96

すぐ来るから待っていてください。

グムバン オル テニッカ ギダリョ ジュセヨ
금방 올 테니까 기다려 주세요.

---

1 こんなふうに使われる！ 　　ライブ配信で　　◀)) 96-1

🧑 **사실 지금 화장실이 너무 가고 싶은데**
サシル　ジグム　ファジャンシリ　ノム　ガゴ　シプンデ
（実は今トイレにとても行きたいのですが）

갔다 와도 돼요?（行ってきてもいいですか？）
ガッタ　ワド　ドェヨ

금방 올 테니까 기다려 주세요.
グムバン　オル　テニッカ　ギダリョ　ジュセヨ
（すぐ来るから待っていてください。）

---

2 意味を確認しよう！ 　　◀)) 96-2

「～（する）つもりだから」「～はずだから」は**올 테니까**（来るから）のように
言います。アイドルがよく言う**열심히 할 테니까 응원해 주세요.**（頑張りま
すので応援してください。）のように、何か提案や約束をしたり、命令した
りするときに使われます。「～（する）つもりだから」というニュアンスですが、
「～から」と訳したほうが自然です。

○ **문제 낼 테니까 정답을 맞춰 보세요.**
ムンジェ　ネル　テニッカ　ジョンダブル　マッチュオ　ボセヨ
（問題を出すので、正解を当ててみてください。）

🎤 **앞으로 활동 많이 할 테니까 지켜봐 주세요.**
アプロ　ファルットン　マニ　ハル　テニッカ　ジキョボァ　ジュセヨ
（これから活動をたくさんするので、見守ってください。）

○ **모르는 분도 계실 테니까 얘기해 드릴게요.**
モルヌン　ブンド　ゲシル　テニッカ　イェギヘ　ドゥリルッケヨ
（知らない方もいらっしゃると思うので、お話ししますね。）

212

(8) **사실 / 지금 / 화장실이 / 너무 가고 싶은데 갔다 와도 돼요？**

→ **와도**は、崩して「ワドゥ」とも言ってみよう！

금방 / 올 테니까 / 기다려 주세요．

화장실と**너무**にアクセントを置いて言ってみましょう。
올 테니까の**올**の**ㄹ**パッチムを発音するときは、舌を巻かないように意識しましょう。「オゥテニッカ」のように少し崩して発音すると自然です。

🖉 **ちょっと くわしく**　　**驚きの韓国トイレ事情！**　🔊 96-5

日本と韓国の文化はよく似ていますが、トイレ事情はだいぶ違うかもしれません。大きな違いの1つがお店のトイレです。韓国では各お店にトイレが設置されていないことが多く、ビル内のトイレなどを使うことが多いです。共用トイレなので、普段は閉まっていて、共用の鍵や**비밀번호**（暗証番号）が必要だったりします。また、便器の故障を防ぐために**휴지**（トイレットペーパー）を便器に流してはいけないトイレもあるので、注意が必要です。個室に**휴지**がないトイレもあり、その場合は個室の外側に大きなトイレットペーパーがあるので、必要な分だけ取って個室に入ります。
また、日本と違って、**편의점**（コンビニ）にトイレは設置されていないので注意が必要です。

DAY 97

大変なことになるところでした！

クニル　ナル　　ッポネッソヨ
큰일 날 뻔했어요!

| 1 | こんなふうに使われる！ | バラエティ番組で | ◀) 97-1 |

クニル　ナル　　ッポネッソヨ
🧑 **큰일 날 뻔했어요!**（大変なことになるところでした！）

モルゴ　ジョンダブル　マラル　ッポネッソヨ
모르고 정답을 말할 뻔했어요.
（間違って正解を言うところでした。）

ヒュ　　ダヘンイダ
휴 … 다행이다.（ふぅ…よかった。）

| 2 | 意味を確認しよう！ | | ◀) 97-2 |

「〜（する）ところでした」は**큰일 날 뻔했어요**（大変なことになるところでした）
のように言います。最後の**요**を取って**큰일 날 뻔했어**（大変なことになると
ころだった）と言うと、タメ口になります。独り言のときは、**큰일 날 뻔했다**
のように言います。

アネッスミョン　オッチョル　ッポネッソヨ
○ **안 했으면 어쩔 뻔했어요?**
（しなかったらどうするつもりでしたか？）
➡「してよかったね」というニュアンス。

ガムドンヘソ　ウル　ッポネッソ
○ **감동해서 울 뻔했어.**
（感動して泣くところだった。）

ア　マッタ　ッカモグル　ッポネッタ
○ **아! 맞다! 까먹을 뻔했다!**
（あ！ そうだ！ 忘れるところだった！）

214

👤 **큰일 날 뻔했어요!**
➡ 큰일 날は、少し崩して「クニル ラル」と発音してみよう！

모르고 / 정답을 말할 뻔했어요.

휴 … 다행이다.

큰일と**말할**にアクセントを置いて言ってみましょう。

📝 ちょっと
くわしく　**「～뻔했어」をネイティブっぽく言うコツ** 🔊 97-5

ネイティブは～뻔했어を縮めて～뻔と言うこともあります。例えば、웃을
뻔했어（笑いそうだった）を縮めて웃을 뻔と言います。ただ、とてもフランクな
表現なので、目上の人に対しては使わないように注意しましょう。

- **깜빡 잠들 뻔.**（うっかり寝そうだった。）
（ッカムッパク ジャムドゥル ッポン）

- **반할 뻔.**（惚れそうだった。）
（パナル ッポン）

- **목 말라서 마실 뻔.**（ノドが渇いて飲みそうだった。）
（モン マルラソ マシル ッポン）
➡ 목は「モク」だが、後ろの**말**を言いやすくするために「モン」と発音する。

🎤 **버튼 누를 뻔.**（ボタンを押すところだった。）
（ボトゥン ヌルル ッポン）
➡ バラエティ番組のクイズなどでよく使われる。

- **죽을 뻔.**（死ぬところだった。）
（ジュグル ッポン）

DAY 98

ファンの方々がたくさん 来てくださったんですよ。

ベンブンドゥルッケソ　マニ　ワ　ジュショットラゴヨ
팬분들께서 많이 와 주셨더라고요.

| Ⅰ | こんなふうに使われる！ | **VLOG / イベント後に** | ◀)) 98-1 |

ヘンサガ　ックンナッスムニダ
행사가 끝났습니다. (イベントが終わりました。)

ベンブンドゥルッケソ　マニ　ワ　ジュショットラゴヨ
팬분들께서 많이 와 주셨더라고요.
(ファンの方々がたくさん来てくださったんですよ。)

イロケ　マニ　オシル　ジュル　モルラッソヨ
이렇게 많이 오실 줄 몰랐어요.
(こんなにたくさんいらっしゃるとは思いませんでした。)

| 2 | 意味を確認しよう！ | | ◀)) 98-2 |

「〜(し)たんですよ」は**주셨더라고요**(くださったんですよ)のように言います。
過去の経験や感想を言うときに使われます。ライブ配信やVLOGなどで
エピソードを語るときなどにとてもよく使われます。

○ プモニム　イェギ　ハニッカ　ガブチャギ　ウルコカドラゴヨ
  부모님 얘기 하니까 갑자기 울컥하더라고요.
  (両親の話をすると急にうるっとしたんですよ。)
  ➡ **울컥**(うるっと)は泣きそうになったと言うときによく使う。

○ アンムガ　ドェゲ　モッチドラゴヨ
  안무가 되게 멋지더라고요.
  (振り付けがとても素敵だったんですよ。)

○ デギシレ　モグル　ッケ　マントラゴ
  대기실에 먹을 게 많더라고.
  (控室に食べるものがたくさんあったんだよ。)

😎 행사가 / 끝났습니다.

팬분들께서 / 많이 / 와 주셨더라고요.

이렇게 / 많이 / 오실 줄 몰랐어요.

4　何も見ずに、どれくらい聞き取れるか試してみよう！　🔊 98-4

> ✏ ちょっと くわしく　**더라には気をつけよう！**　🔊 98-5

「〜（し）たんだよ」のようにタメ口で言うときは、最後の**요**を取って**주셨더라고**（くださったんだよ）のように言います。**주셨더라고**を縮めて**주셨더라**と言ったりもします。ただ、〜**더라**を使うときにはいくつか注意点があるので整理しておきましょう！

❶ 더라요とは言わない

丁寧に「〜（し）たんですよ」と言うときは〜**더라고요**と言う。

○ **착하더라고요.** （優しかったんです。）
（チャカドラゴヨ）
　➡×**착하더라요**とは言わない。

❷ 疑問形は違う意味になる

独り言のときは「〜だっけ？」という意味になることもある。

○ **뭐더라?** （何だっけ？）
（ムォドラ）

○ **언제더라?** （いつだっけ？）
（オンジェドラ）

○ **어디더라?** （どこだっけ？）
（オディドラ）

DAY 99

今日は新しいところに行ってみようかと思います。

오늘은 새로운 곳을 가 볼까 싶어요.

オヌルン　セロウン　ゴスル　ガ　ボルッカ　シボヨ

---

1 こんなふうに使われる！ **VLOG** ◀)) 99-1

オヌル　ダンゴル　カペルル　ソゲハリョゴ　ヘッコドゥンニョ
오늘 단골 카페를 소개하려고 했거든요.
（今日行きつけのカフェをご紹介しようと思ったんですよ。）

グンデ　オヌル　ムヌル　ダドゥン　ゴエヨ
근데 오늘 문을 닫은 거예요.
（ところが今日閉まっていたんですよ。）

グレソ　オヌルン　セロウン　ゴスル　ガ　ボルッカ　シボヨ
그래서 오늘은 새로운 곳을 가 볼까 싶어요.
（それで、今日は新しいところに行ってみようかと思います。）

---

2 意味を確認しよう！ ◀)) 99-2

「〜かと思います」は**가 볼까 싶어요**（行ってみようかと思います）のように
言います。DAY24の表現を使った**가 보려고요**（行ってみようと思います）
とくらべると、はっきりと計画せずになんとなく考えていることを言っている
ようなニュアンスです。

○ イ　アンギョンウル　ッスルッカ　シボヨ
　이 안경을 쓸까 싶어요.（このメガネをかけようかと思います。）

○ オヌルン　マサジルル　バドゥルッカ　シボヨ
　오늘은 마사지를 받을까 싶어요.
　（今日はマッサージをしようかと思います。）

○ ヨンギ　ネソ　イェギヘ　ボルッカ　シボ
　용기 내서 얘기해 볼까 싶어.
　（勇気を出して話してみようかと思う。）

> DAY3の〜고 싶어요
> （〜したいです）の싶어요
> とは別物だから注意ね！

😀 오늘 / 단골 카페를 / 소개하려고 했거든요.
근데 / 오늘 / 문을 닫은 거예요.
그래서 / 오늘은 / 새로운 곳을 / 가 볼까 싶어요.

카페は、「ッカペ」と発音することもよくあります。
든요は、そのまま読むと「ドゥニョ」ですが、ネイティブは「ドゥンニョ」と言うことがほとんどなので、「ドゥンニョ」で練習しましょう。
가 볼까は、崩して「ガ ボッカ」と言うこともあるので覚えておきましょう。

✐ ちょっとくわしく　「〜かと思います」のもう 1 つの表現　◀)) 99-5

「〜かと思います」は**〜까 싶어요**以外にも、もう 1 つ言い方があります。例えば、**가져갈까 싶어요**（持っていこうと思います）なら、**싶어요**の代わりに**해요**を使って**가져갈까 해요**と言うこともあります。どちらもよく使うので、一緒に覚えておきましょう！

- **오늘은 여기까지 할까 해요.**
  オヌルン　ヨギッカジ　ハルッカ　ヘヨ
  （今日はここまでにしようと思います。）

- **먹기 전에 먼저 씻을까 해요.**
  モッキ　ジョネ　モンジョ　ッシスルッカ　ヘヨ
  （食べる前に先にお風呂に入ろうと思います。）

- **한번 물어볼까 해.**
  ハンボン　ムロボルッカ　ヘ
  （一度聞いてみようと思う。）

> 「〜까 해요」は「〜까 생각해요」から生각を省いた形だよ

Jooの体験談！
私がやってよかったリスニング勉強法

韓国語ネイティブである私が、日本語の勉強で最も苦手だったのが「リスニング」でした。日本語能力試験を受けたときも、一番点数が低い科目はリスニング。読むことも書くこともできるのに、なぜかリスニングだけはなかなか上達できず、挫折する日々が続いていました。そんな私が、今でもリスニング力向上のためにやっている「最強のリスニング勉強法」を紹介します。必要なものは、日本語と韓国語字幕の両方を見ることができる「好きな韓国語コンテンツ」だけです。推しのVLOGやライブ配信動画、ドラマ、バラエティ番組など何でもOKです！

1　日本語字幕で動画を楽しむ

まず、動画を純粋に楽しんでください。どんな内容なのか、集中して楽しく動画を見ましょう！

2　動画の音声をたくさん聞く

動画を見ずに音だけ聞いてください。ここでのポイントは「できるだけたくさん聞く」ことです。私は通勤時や家事をするとき、寝るときもずっとBGMのように聞いていました。だんだん「今ってあのシーンなのかな？」と頭に思い浮かぶことが増えてくるはずです。すべての意味がわからなくても大丈夫です。音楽を聞くように、韓国語に少しずつ慣れていきましょう。

3　韓国語字幕で動画を見る

ここから少し集中力が必要になります。次は韓国語字幕をつけて動画を見てください。この段階で70％ぐらい意味がわかるようになるまで①から③をくり返してください。

4 字幕なしで見る

③で70%以上意味がわかるようになったら、いよいよ字幕なしで動画を見てみましょう。すべて完璧に聞き取れなくても大丈夫です。聞き取れるようになった自分を激褒めしてください！

もし飽きてきたら、他の動画に変えても大丈夫です。私はすぐに飽きてしまうタイプなので、長すぎない10分ぐらい動画でやっていました。

ポイントはできるだけ長く！ 継続的に！ 韓国語に接すること！ です。

自分が好きなものでないと続けられないですし、聞いても頭に入ってこないので、「自分が飽きずにできる、自分の好きなコンテンツ」でぜひ楽しく勉強してみてください！

リスニング力を上げる
勉強法の動画はこちら

なんか楽しそうだな！
これなら私もできそう！

おわりに

最後までお疲れ様でした！
100日間、いかがでしたか？
まずはコツコツ頑張ってきた自分に拍手しましょう！

昔は日本語を聞き取れない自分が悔しいと思うときもありましたが、
勉強を始めて12年目になる今は、もう気にならなくなりました。
なぜならなんとなく推測できるようになったからです。

聞き取れないときは考えます。
「何を言いたいのかな？」と。
そして、前後の話や状況、相手の表情、抑揚までよく観察します。

韓国語もただ「聞く」ではなく、耳を傾けて、心を込めて「聴く」
ようにしてみてください。
心に届いた言葉は簡単に忘れることはありません。
なが〜く残って、自分のものになります。

これからみなさんの心に響く韓国語がもっと増えますように。

著者 Joo

韓国生まれ、韓国語講師。
高校生の頃より日本語や日本の文化に興味を持ち、一度は韓国の大学に入学するも日本の大学に再入学。韓国語の個人レッスンをきっかけに、大学のエクステンションセンターなどで韓国語を教えるようになる。日本企業に入社後、「韓国語を紹介する仕事をしたい」と転職。現在はYouTubeやPodcastを中心に、教育コンテンツを制作し、2019年には韓国語講師としての活動も再開。2021年延世大学校韓国語教師研修所外国人のための韓国語教育課程を修了。
2019年に開設したYouTubeチャンネル「ちょっと楽しくなる韓国語Joo（ジュー）」は登録者数20万人を超える支持を得ている。（2024年5月現在）著書に『イラスト＆図解でかんたん！ Joo式韓国語レッスン』『Joo式韓国語ステップアップドリル』（KADOKAWA）「音声ガイド付き！ Joo式イラストで楽しく覚える韓国語会話」（宝島社）、『韓国語で推しを語りたい！ "好き"から始める最高の韓国語入門（大和書房）がある。

・YouTube:ちょっと楽しくなる韓国語Joo（ジュー）
・Instagram:@enjoyjoojyu

「聞き取れた！」が毎日増える
Joo式1日5分韓国語レッスン

著者・イラスト　Joo
デザイン　高橋朱里
カバーイラスト　小雨そぉだ
中面イラスト　関谷由香理
編集協力　渡辺泰葉
校正　崔智慧、いしもとあやこ
データ作成　四国写研
印刷　株式会社リーブルテック